BESTACTIVITYBOOKS.COM

PREMIERE ÉDITION

Dépôt légal, 2022

Illustration Graphique Extra: www.freepik.com
Merci à Alekksall, Starline, Pch.vector, Rawpixel.com, Vectorpocket, Dgim-studio, Upklyak, Macrovector, Stockgiu, Pikisuperstar & Freepik.com Designers

5 ASTUCES POUR DÉMARRER !

1) COMMENT RÉSOUDRE LES MOTS MÊLÉS

Les puzzles sont dans un format classique :

- Les mots sont cachés sans espaces, tirets, ...
- Orientation : Les mots peuvent être écrits en avant, en arrière, vers le haut, vers le bas ou en diagonale (ils peuvent être inversés).
- Les mots peuvent se chevaucher ou se croiser.

2) UN APPRENTISSAGE ACTIF

Un espace est prévu à côté de chaque mots pour noter la traduction. Pour favoriser un apprentissage actif un **DICTIONNAIRE** à la fin de cette édition vous permettra de vérifier et étendre vos connaissances. Cherchez et notez les traductions, trouvez-les dans le Puzzle et ajoutez-les à votre vocabulaire !

3) MARQUEZ LES MOTS

Vous pouvez inventer votre propre système de marquage. Peut-être en utilisez-vous déjà un ? Sinon, vous pourriez, par exemple, marquer les mots qui ont été difficiles à trouver d'une croix, ceux que vous avez aimés d'une étoile, les mots nouveaux d'un triangle, les mots rares d'un diamant, etc...

4) STRUCTUREZ VOTRE APPRENTISSAGE

Cette édition vous offre un **CARNET DE NOTES** très pratique à la fin du livre. En vacances ou en voyage ou à la maison, vous pouvez facilement organiser vos nouvelles connaissances sans avoir besoin d'un second bloc-notes !

5) VOUS AVEZ FINI TOUTES LES GRILLES ?

Allez à la section bonus **CHALLENGE FINAL** pour trouver un jeu gratuit à la fin de cette édition !

Simple et Rapide ! Découvrez notre collection de livres d'activités pour votre prochain moment de détente et **d'apprentissage**, à juste un clic de distance !

Trouvez votre prochain défi sur :

BestActivityBooks.com/MonProchainLivre

À vos marques, prêts... Partez !

Saviez-vous qu'il existe environ 7 000 langues différentes dans le monde ? Les mots sont précieux.

Nous aimons les langues et avons travaillé dur pour créer les livres de la plus haute qualité pour vous. Nos ingrédients ?

Une sélection des thématiques d'apprentissage adaptée, trois belles parts de divertissement, puis nous ajoutons une cuillère de mots difficiles et une pincée de mots rares. Nous les servons avec soin et un maximum de plaisir pour vous permettre de résoudre les meilleurs jeux de mots mêlés qui soient et d'apprendre en vous amusant !

Votre avis est essentiel. Vous pouvez participer activement au succès de ce livre en nous laissant un commentaire. Nous aimerions vraiment savoir ce que vous avez préféré dans cette édition !

Voici un lien rapide qui vous mènera à la page d'évaluation de vos commandes :

BestBooksActivity.com/Avis50

Merci pour votre aide et amusez-vous bien !

De la part de toute l'équipe

1 - Adjectifs #2

A	T	V	B	E	G	A	B	T	F	E	W	P	A	U
U	X	P	J	H	C	S	I	T	A	M	A	R	D	F
T	N	A	S	S	E	R	E	T	N	I	B	O	T	X
H	C	I	L	R	Ü	T	A	N	I	E	R	D	B	X
E	V	I	T	A	E	R	K	S	D	U	V	U	E	N
N	D	X	D	B	M	L	X	Q	Q	U	H	K	S	C
T	Q	F	M	E	P	V	E	D	D	K	N	T	C	S
I	W	C	K	R	A	T	S	G	T	L	T	I	H	T
S	P	W	D	Ü	T	O	S	U	A	T	L	V	R	O
C	U	V	W	H	U	R	M	A	Z	N	Y	Y	E	L
H	E	B	Z	M	X	D	O	P	L	Y	T	S	I	Z
O	X	V	V	T	U	Z	J	C	Y	Z	U	N	B	S
G	E	S	U	N	D	L	I	W	K	Y	I	I	E	P
S	C	H	L	Ä	F	R	I	G	R	E	Q	G	N	L
S	G	D	R	H	H	E	I	S	S	X	N	N	D	B

AUTHENTISCH
BERÜHMT
HEISS
KREATIV
BESCHREIBEND
BEGABT
DRAMATISCH
ELEGANT
STOLZ
STARK
INTERESSANT
NATÜRLICH
NEU
PRODUKTIV
REIN
GESUND
SALZIG
WILD
TROCKEN
SCHLÄFRIG

2 - Formes

A	K	I	T	W	L	O	F	A	K	N	V	U	O	S
K	N	Q	J	Ü	P	R	I	S	M	A	H	T	V	E
B	F	V	M	R	B	V	I	J	O	Z	Y	Q	A	I
Q	L	W	T	F	Z	L	A	K	U	G	E	L	L	T
W	D	K	X	E	H	Y	P	E	R	B	E	L	R	E
O	V	A	U	L	K	C	E	I	E	R	D	E	E	P
E	C	K	E	R	V	O	J	U	D	K	M	G	C	Y
E	O	Q	L	K	V	Z	S	O	N	W	P	E	H	R
Q	L	Y	B	W	Q	E	I	N	I	L	E	K	T	A
K	T	L	N	O	U	J	E	Y	L	X	E	J	E	M
X	G	F	I	G	G	Q	R	M	Y	U	S	N	C	I
C	E	V	E	P	A	E	K	Z	Z	O	N	U	K	D
H	M	A	J	Q	S	X	N	O	G	Y	L	O	P	E
K	A	N	T	E	N	E	K	T	Y	J	X	Q	H	I
B	H	K	V	V	Q	U	A	D	R	A	T	K	L	R

BOGEN
KANTEN
QUADRAT
KREIS
ECKE
KURVE
KEGEL
SEITE
WÜRFEL
ZYLINDER

ELLIPSE
HYPERBEL
LINIE
OVAL
POLYGON
PRISMA
PYRAMIDE
RECHTECK
KUGEL
DREIECK

3 - Adjectifs #1

X	C	H	S	C	H	Ö	N	P	U	W	T	S	O	P
Z	A	I	S	T	V	Z	H	O	E	I	U	Q	A	Z
A	T	T	R	A	K	T	I	V	X	C	L	G	G	I
A	R	O	M	A	T	I	S	C	H	H	O	X	Z	X
Y	J	O	H	C	S	I	R	E	L	T	S	N	Ü	K
H	P	E	R	F	E	K	T	G	W	I	B	U	V	P
M	M	Q	D	S	C	H	W	E	R	G	A	P	F	A
R	I	E	S	I	G	I	D	L	U	H	C	S	N	U
N	X	E	X	O	T	I	S	C	H	Q	H	F	M	L
R	I	D	E	N	T	I	S	C	H	R	C	K	O	A
R	T	E	H	R	G	E	I	Z	I	G	I	M	D	N
A	Q	F	N	I	H	M	S	G	U	O	L	R	E	G
J	U	N	G	I	G	Ü	Z	S	S	O	R	G	R	S
P	G	U	D	Ü	N	N	M	Z	P	V	H	Q	N	A
N	T	K	N	A	A	K	T	I	V	M	E	Y	O	M

ABSOLUT
AKTIV
EHRGEIZIG
AROMATISCH
KÜNSTLERISCH
ATTRAKTIV
SCHÖN
EXOTISCH
RIESIG
GROSSZÜGIG
EHRLICH
IDENTISCH
WICHTIG
UNSCHULDIG
JUNG
LANGSAM
SCHWER
DÜNN
MODERN
PERFEKT

4 - Instruments de Musique

D	I	N	S	K	L	A	R	I	N	E	T	T	E	U
A	N	N	A	A	P	F	Q	M	V	H	M	M	Y	Q
H	M	D	P	H	X	O	O	Z	F	S	U	A	F	X
M	J	B	Y	U	L	O	J	N	A	B	N	N	O	Q
U	A	C	E	L	L	O	P	I	B	H	D	D	B	P
M	S	R	O	B	O	E	G	H	A	Y	H	O	E	O
Q	R	E	I	V	A	L	K	O	O	K	A	L	H	S
E	T	E	P	M	O	R	T	Z	N	N	R	I	A	A
K	Q	U	G	I	B	Q	R	F	I	G	M	N	R	U
C	U	X	W	G	R	A	O	Z	R	V	O	E	F	N
G	I	T	A	R	R	E	M	R	U	Y	N	G	E	E
F	A	G	O	T	T	T	M	H	B	H	I	D	G	J
G	E	I	G	E	F	Ö	E	U	M	X	K	K	A	R
U	Q	X	U	E	F	L	L	F	A	C	A	L	E	L
S	B	Q	M	K	N	F	N	J	T	R	O	Q	T	P

BANJO
FAGOTT
KLARINETTE
FLÖTE
GONG
GITARRE
MUNDHARMONIKA
HARFE
OBOE
MANDOLINE
MARIMBA
KLAVIER
SAXOPHON
TROMMEL
TAMBURIN
POSAUNE
TROMPETE
GEIGE
CELLO

5 - Échecs

K	Ö	N	I	G	I	N	M	P	K	Ö	N	I	G	O
F	K	S	H	F	S	N	P	U	F	J	I	B	U	E
M	H	Z	P	C	P	T	R	N	E	N	R	E	L	D
A	V	X	X	N	I	O	S	K	Z	D	V	G	K	N
N	J	S	D	H	E	W	S	T	S	P	I	E	L	F
C	T	Y	U	N	L	E	G	E	R	P	S	D	E	F
H	U	O	L	K	E	T	J	I	Y	V	S	E	M	W
A	R	O	O	D	R	T	V	G	W	N	A	N	H	F
M	N	Z	V	R	B	B	R	E	S	U	P	Y	W	S
P	I	R	E	N	G	E	G	T	G	V	F	E	N	D
I	E	K	G	I	W	W	R	A	B	R	O	X	T	O
O	R	U	N	I	T	E	Z	R	A	W	H	C	S	P
N	A	O	X	O	U	R	Y	T	Z	O	Q	K	K	F
Y	R	X	V	L	T	B	K	S	S	I	E	W	X	E
K	D	I	A	G	O	N	A	L	C	Q	T	Z	U	R

GEGNER
LERNEN
WEISS
CHAMPION
WETTBEWERB
DIAGONAL
KLUG
SPIEL
SPIELER
SCHWARZ
PASSIV
PUNKTE
KÖNIGIN
REGELN
KÖNIG
OPFER
STRATEGIE
ZEIT
TURNIER

6 - Herboristerie

R	O	S	M	A	R	I	N	A	I	M	Y	H	T	K
V	I	G	G	J	X	B	A	S	I	L	I	K	U	M
V	M	J	R	F	N	I	B	K	E	Y	K	V	Y	P
P	O	B	Ü	H	L	E	S	T	R	A	G	O	N	G
F	E	R	N	J	Y	E	Z	U	S	J	Z	A	S	M
E	M	T	T	A	H	C	U	A	L	B	O	N	K	F
N	U	G	E	E	T	L	T	Ä	T	I	L	A	U	Q
C	L	I	A	R	I	I	A	V	Y	U	J	R	Q	L
H	B	E	W	R	S	L	T	M	H	C	S	F	T	E
E	B	B	M	U	T	I	H	R	J	N	Z	A	Z	D
L	N	S	Q	R	P	E	L	A	R	L	K	S	L	N
M	A	J	O	R	A	N	N	I	F	M	I	N	Z	E
G	E	S	C	H	M	A	C	K	E	T	J	R	K	V
A	R	O	M	A	T	I	S	C	H	B	I	F	K	A
K	U	L	I	N	A	R	I	S	C	H	W	Z	G	L

KNOBLAUCH
AROMATISCH
BASILIKUM
VORTEILHAFT
KULINARISCH
ESTRAGON
FENCHEL
BLUME
ZUTAT
GARTEN
LAVENDEL
MAJORAN
MINZE
PETERSILIE
QUALITÄT
ROSMARIN
SAFRAN
GESCHMACK
THYMIAN
GRÜN

7 - Véhicules

R	X	F	U	A	M	Q	U	X	W	T	R	T	B	R
R	E	L	L	O	R	C	U	A	L	J	A	F	U	H
V	I	O	W	O	H	N	W	A	G	E	N	X	S	U
C	X	S	K	H	O	K	B	X	P	R	H	C	I	B
Y	V	S	L	G	D	M	O	T	U	A	A	Z	E	S
T	R	A	K	T	O	R	O	T	O	M	B	E	X	C
A	N	V	J	L	R	W	T	O	O	B	U	C	F	H
F	L	U	G	Z	E	U	G	D	G	C	K	K	A	R
A	R	R	O	O	L	C	K	Q	G	D	T	D	H	A
B	P	E	D	W	Y	V	U	I	X	F	J	Q	R	U
G	G	C	I	B	F	V	X	M	I	F	I	X	R	B
V	W	F	C	F	G	X	H	S	K	T	Z	W	A	E
V	A	E	B	C	E	R	A	K	E	T	E	U	D	R
F	Ä	H	R	E	S	N	Y	V	V	S	L	I	G	C
K	R	A	N	K	E	N	W	A	G	E	N	Q	P	I

KRANKENWAGEN
FLUGZEUG
BOOT
BUS
LKW
WOHNWAGEN
FÄHRE
RAKETE
HUBSCHRAUBER
U-BAHN
MOTOR
REIFEN
FLOSS
ROLLER
U-BOOT
TAXI
TRAKTOR
ZUG
FAHRRAD
AUTO

8 - Camping

T	W	P	S	K	N	A	T	U	R	T	R	L	I	D
H	J	A	G	D	O	F	U	P	B	X	W	S	U	V
Y	Ä	D	I	C	G	M	R	L	I	G	S	Y	K	X
P	R	N	O	C	D	Z	P	L	P	N	L	I	E	S
P	G	O	G	P	I	X	G	A	P	U	A	R	R	L
N	P	M	R	E	E	S	B	I	S	T	T	M	E	B
K	B	I	E	D	M	P	W	O	R	S	E	L	I	R
M	Z	G	B	T	T	A	K	O	C	Ü	R	G	T	N
J	S	A	P	A	V	K	T	L	N	R	N	S	M	B
E	K	D	E	Z	U	H	M	T	L	S	E	W	X	D
N	S	H	Y	R	E	U	E	F	E	U	X	Z	R	M
I	N	S	E	K	T	B	U	B	X	A	Q	Z	B	J
B	H	I	H	Y	R	U	N	A	K	V	Y	M	E	G
A	H	S	D	L	A	W	H	H	R	J	Y	B	U	X
K	Z	E	L	T	K	A	B	E	N	T	E	U	E	R

TIERE
ABENTEUER
KOMPASS
KABINE
KANU
KARTE
HUT
JAGD
SEIL
AUSRÜSTUNG

FEUER
WALD
HÄNGEMATTE
INSEKT
SEE
LATERNE
MOND
BERG
NATUR
ZELT

9 - Écologie

N	E	Z	N	A	L	F	P	K	V	P	I	C	Ü	D
A	A	N	U	A	F	W	B	G	A	Z	K	E	B	Ü
G	R	C	N	A	T	U	R	Z	R	C	C	L	E	R
E	K	T	H	N	E	C	R	U	O	S	S	E	R	R
M	N	E	C	H	P	C	A	N	L	S	P	B	L	E
E	E	N	I	R	A	M	D	W	F	L	O	E	E	J
I	W	T	L	A	F	L	E	I	V	V	L	N	B	U
N	S	D	R	G	N	I	T	P	U	B	P	S	E	S
S	Y	R	Ü	X	L	O	P	I	A	L	K	R	N	U
C	V	K	T	T	N	O	Z	B	G	Z	E	A	F	M
H	U	G	A	H	M	Y	B	U	M	O	J	U	W	P
A	R	X	N	X	A	F	R	A	X	K	J	M	D	F
F	B	K	L	I	M	A	E	D	L	B	E	R	G	E
T	Q	E	F	R	E	I	W	I	L	L	I	G	E	H
V	E	G	E	T	A	T	I	O	N	D	K	C	C	J

FREIWILLIGE
KLIMA
GEMEINSCHAFT
VIELFALT
NACHHALTIG
ART
FAUNA
FLORA
GLOBAL
LEBENSRAUM
SUMPF
MARINE
BERGE
NATUR
NATÜRLICH
PFLANZEN
RESSOURCEN
DÜRRE
ÜBERLEBEN
VEGETATION

10 - Géométrie

G	A	O	J	D	O	B	L	E	L	L	A	R	A	P
Z	E	V	L	I	E	T	N	A	Z	O	G	V	X	L
G	I	K	D	M	R	C	K	T	A	G	E	A	X	V
P	J	T	N	E	M	G	E	S	L	I	W	C	P	Q
T	L	H	V	N	A	I	D	E	M	K	G	G	T	D
S	F	A	F	S	G	S	I	H	E	K	H	Ö	H	E
I	Y	T	F	I	H	L	H	V	R	U	P	Q	K	B
E	M	M	S	O	S	T	E	U	S	R	S	I	F	Y
R	A	R	M	N	B	R	X	I	G	V	I	T	N	C
K	S	A	U	E	Z	W	W	K	C	E	I	E	R	D
R	S	F	W	H	T	T	I	L	I	H	R	J	U	S
R	E	M	M	U	N	R	G	N	D	W	U	Q	I	M
G	D	W	C	V	S	S	I	Q	K	P	L	N	K	I
T	H	E	O	R	I	E	K	E	Y	E	E	G	G	X
I	B	E	R	E	C	H	N	U	N	G	L	M	J	Y

WINKEL
BERECHNUNG
KREIS
KURVE
DIMENSION
GLEICHUNG
HÖHE
LOGIK
MASSE
MEDIAN
NUMMER
PARALLEL
ANTEIL
SEGMENT
SYMMETRIE
THEORIE
DREIECK

11 - Diplomatie

G	E	M	E	I	N	S	C	H	A	F	T	B	D	B
H	U	M	A	N	I	T	Ä	R	X	N	G	E	I	Ü
J	A	I	N	T	E	G	R	I	T	Ä	T	R	P	R
R	E	G	I	E	R	U	N	G	Y	V	M	A	L	G
V	E	R	B	Ü	N	D	E	T	E	O	T	T	O	E
R	E	T	F	A	H	C	S	T	O	B	G	E	M	R
H	F	C	F	L	Ö	S	U	N	G	U	B	R	A	P
U	B	J	U	A	K	O	N	F	L	I	K	T	T	O
G	E	R	E	C	H	T	I	G	K	E	I	T	I	L
L	D	P	A	L	K	C	E	S	D	J	B	A	S	I
I	S	Z	N	O	I	S	S	U	K	S	I	D	C	T
U	Y	O	H	B	H	Z	Q	T	L	D	O	U	H	I
A	O	B	Q	X	T	D	B	Y	O	A	U	V	A	K
T	I	E	H	R	E	H	C	I	S	B	G	P	U	N
A	U	S	L	Ä	N	D	I	S	C	H	E	Z	D	K

VERBÜNDETE
BOTSCHAFT
BOTSCHAFTER
BÜRGER
GEMEINSCHAFT
KONFLIKT
BERATER
DIPLOMATISCH
DISKUSSION
ETHIK
AUSLÄNDISCH
REGIERUNG
HUMANITÄR
INTEGRITÄT
GERECHTIGKEIT
POLITIK
SICHERHEIT
LÖSUNG

12 - Électricité

S	A	U	S	R	Ü	S	T	U	N	G	P	N	N	E
C	T	V	L	B	A	T	T	E	R	I	E	E	N	L
O	M	E	H	R	O	T	A	R	E	N	E	G	X	E
E	N	T	C	A	K	C	E	E	Z	X	P	A	V	K
J	L	H	S	K	G	H	Z	L	N	U	M	T	Z	T
L	I	Ä	I	Q	D	L	U	N	E	X	A	I	R	R
L	X	R	R	O	Q	O	B	E	T	F	L	V	M	I
E	A	D	T	M	E	O	S	H	K	I	O	R	A	K
B	E	G	K	R	Y	X	W	E	E	G	Y	N	G	E
A	H	V	E	J	W	J	B	S	J	U	Y	X	N	R
K	U	V	L	R	W	G	P	N	B	N	F	Z	E	E
L	V	D	E	E	U	U	S	R	O	D	N	Z	T	S
F	C	X	Z	H	S	N	M	E	N	G	E	C	C	A
N	Z	B	I	S	T	X	G	F	K	X	H	P	W	L
N	E	T	Z	W	E	R	K	P	O	S	I	T	I	V

MAGNET
BATTERIE
KABEL
ELEKTRIKER
ELEKTRISCH
AUSRÜSTUNG
DRÄHTE
GENERATOR
LAMPE
LASER
NEGATIV
OBJEKTE
POSITIV
STECKDOSE
MENGE
NETZWERK
LAGERUNG
TELEFON
FERNSEHEN

13 - Astronomie

C	N	P	T	G	S	P	G	L	E	F	M	D	S	O
S	Z	M	G	A	T	S	L	M	N	I	E	T	A	B
A	K	W	V	L	R	A	T	U	M	N	T	M	T	S
S	T	S	G	A	A	M	J	S	X	S	E	E	E	E
T	Y	Q	K	X	H	T	T	R	H	T	O	F	L	R
R	H	L	V	I	L	E	B	E	N	E	R	O	L	V
O	A	I	E	E	U	N	W	V	Y	R	D	Y	I	A
N	I	L	S	T	N	A	I	I	V	N	E	R	T	T
O	V	T	O	W	G	L	M	N	T	I	T	K	E	O
M	A	H	M	S	Q	P	P	U	U	S	B	V	T	R
K	O	N	S	T	E	L	L	A	T	I	O	N	E	I
R	P	P	O	M	O	N	D	L	F	E	Z	O	K	U
L	H	F	K	A	S	T	R	O	N	A	U	T	A	M
A	S	T	E	R	O	I	D	H	O	P	I	R	R	P
S	U	P	E	R	N	O	V	A	H	I	M	M	E	L

ASTEROID
ASTRONAUT
ASTRONOM
HIMMEL
KONSTELLATION
KOSMOS
FINSTERNIS
RAKETE
GALAXIE
MOND
METEOR
NEBEL
OBSERVATORIUM
PLANET
STRAHLUNG
SATELLIT
SOLAR
SUPERNOVA
ERDE
UNIVERSUM

14 - Physique

U	N	I	V	E	R	S	A	L	C	D	W	X	V	N
F	E	C	W	U	B	A	P	A	R	T	I	K	E	L
E	R	L	I	C	N	G	M	O	T	A	Q	Q	R	O
Y	H	E	E	I	D	D	A	Y	N	D	F	A	K	S
A	Z	S	Q	K	H	C	S	I	M	E	H	C	K	N
N	Y	V	X	U	T	U	S	E	E	Q	R	I	N	Q
D	X	L	R	N	E	R	E	D	G	K	A	X	R	Q
M	O	T	O	R	F	N	O	M	O	L	E	K	Ü	L
B	L	E	E	V	O	D	Z	N	Y	W	L	K	O	D
T	F	A	R	K	R	E	W	H	C	S	K	I	A	I
S	K	N	S	N	M	C	H	W	U	S	U	N	A	C
Q	E	L	N	N	E	M	E	C	H	A	N	I	K	H
K	U	V	J	N	L	V	A	R	I	A	B	L	E	T
M	A	G	N	E	T	I	S	M	U	S	I	U	E	E
C	H	A	O	S	E	X	P	A	N	S	I	O	N	I

ATOM
CHAOS
CHEMISCH
DICHTE
EXPANSION
ELEKTRON
FORMEL
FREQUENZ
GAS
SCHWERKRAFT
MAGNETISMUS
MASSE
MECHANIK
MOLEKÜL
MOTOR
NUKLEAR
PARTIKEL
UNIVERSAL
VARIABLE

15 - Types de Cheveux

S	P	W	C	W	Y	D	I	K	V	M	D	S	B	T
N	E	E	W	E	I	C	H	D	D	I	C	K	R	R
A	G	I	J	D	K	J	I	Ü	Q	B	T	O	A	O
G	V	S	S	C	S	Z	H	N	G	N	A	L	U	C
L	M	S	C	X	X	I	T	N	I	M	X	W	N	K
Ä	A	F	H	U	N	U	L	B	L	O	N	D	E	E
N	D	A	W	B	D	L	R	B	L	I	X	N	T	N
Z	T	R	A	H	C	O	W	O	E	Q	M	U	H	G
E	B	B	R	S	O	C	T	C	W	R	B	S	C	R
N	W	I	Z	Z	X	K	N	B	L	K	O	E	O	P
D	N	G	M	R	Z	E	E	I	G	P	P	G	L	Q
S	K	L	V	Y	U	N	G	I	K	C	O	L	F	W
Y	S	D	E	P	C	K	X	R	G	O	I	Y	E	Z
B	I	N	N	A	V	Y	Z	P	A	L	J	M	G	E
K	A	H	L	G	C	I	U	D	X	U	L	E	V	G

SILBER
WEISS
BLOND
LOCKEN
GLÄNZEND
KAHL
FARBIG
KURZ
WEICH
DICK
LOCKIG
GRAU
LANG
BRAUN
DÜNN
SCHWARZ
WELLIG
GESUND
TROCKEN
GEFLOCHTEN

16 - Archéologie

F	B	A	A	W	R	K	X	F	I	E	L	V	A	U
O	F	N	I	N	T	N	N	A	K	E	B	N	U	R
R	O	A	N	Z	T	O	Z	O	H	T	U	O	S	A
S	S	L	H	D	B	I	G	Y	C	V	B	O	W	L
C	S	Y	S	E	K	T	Q	M	F	H	V	G	E	T
H	I	S	I	M	T	A	P	U	N	R	E	W	R	M
E	L	E	N	M	S	S	C	J	I	K	N	N	T	A
R	T	I	M	O	S	I	O	E	C	T	P	M	U	N
R	E	L	I	K	T	L	Ä	T	X	I	Ä	Z	N	N
S	T	E	E	H	Q	I	R	R	Y	M	J	T	G	S
L	K	P	H	C	D	V	G	E	A	J	X	L	Z	C
B	E	M	E	A	B	I	K	P	A	K	X	Y	R	H
Z	J	E	G	N	A	Z	D	X	S	Z	D	M	N	A
S	B	T	L	P	R	O	F	E	S	S	O	R	M	F
B	O	V	E	R	G	E	S	S	E	N	G	W	W	T

ANALYSE
URALT
ANTIQUITÄT
FORSCHER
ZIVILISATION
NACHKOMME
EXPERTE
ÄRA
MANNSCHAFT
AUSWERTUNG

FOSSIL
UNBEKANNT
GEHEIMNIS
OBJEKTE
KNOCHEN
VERGESSEN
PROFESSOR
RELIKT
TEMPEL
GRAB

17 - Mammifères

J	N	I	M	B	W	H	S	G	H	O	Q	Q	P	F
Z	U	A	V	E	A	U	T	Q	V	Z	E	B	F	N
L	T	Q	Y	A	L	N	I	L	M	J	B	K	E	Y
D	N	V	X	H	I	D	E	T	O	J	O	K	R	K
B	A	R	B	E	Z	U	R	U	G	N	Ä	K	D	V
D	F	U	C	H	S	R	G	X	K	Z	W	Q	K	L
E	E	F	F	A	R	I	G	O	L	Ö	W	E	G	U
L	L	D	P	G	Ä	S	Q	H	R	O	W	V	P	B
F	E	H	J	E	B	C	H	C	X	I	Y	D	Z	I
I	R	P	A	X	Z	H	M	Q	F	P	L	V	C	Q
N	K	Y	Q	S	F	A	A	F	F	E	M	L	K	B
L	D	A	O	Z	E	F	T	I	G	E	R	Y	A	Q
W	Q	N	T	A	M	L	J	R	J	M	H	E	F	P
B	X	I	Q	Z	B	O	C	U	Y	N	J	J	L	E
V	I	G	Q	X	E	W	W	L	N	V	Z	X	Q	S

WAL
KATZE
PFERD
HUND
KOJOTE
DELFIN
ELEFANT
GIRAFFE
GORILLA
KÄNGURU

HASE
LÖWE
WOLF
SCHAF
BÄR
FUCHS
AFFE
STIER
TIGER
ZEBRA

18 - Chocolat

Q	V	T	G	K	O	K	Y	T	Q	R	K	Z	R	H
U	E	E	E	I	O	C	Ö	S	A	N	A	U	E	A
A	R	X	S	G	Z	K	P	S	G	O	K	T	Z	N
L	D	O	C	Y	U	L	O	Ü	T	M	A	A	E	D
I	N	T	H	A	C	U	Z	S	Z	L	O	T	P	W
T	Ü	I	M	R	K	B	Z	C	N	S	I	Q	T	E
Ä	S	S	A	O	E	R	J	P	Y	U	U	C	U	R
T	S	C	C	M	R	L	Y	E	B	W	S	N	H	K
B	E	H	K	A	F	A	V	O	R	I	T	S	F	L
F	I	A	N	T	I	O	X	I	D	A	N	S	Z	I
L	N	T	O	M	Z	H	K	C	U	Z	W	Y	W	C
D	G	D	T	V	E	R	L	A	N	G	E	N	N	H
P	T	L	L	E	M	A	R	A	K	R	H	F	P	E
W	J	G	Y	W	R	E	V	L	U	P	V	M	Z	W
A	K	A	L	O	R	I	E	N	F	E	F	Y	M	N

BITTER
ANTIOXIDANS
AROMA
HANDWERKLICH
ERDNÜSSE
KAKAO
KALORIEN
KARAMELL
KÖSTLICH
SÜSS
VERLANGEN
EXOTISCH
FAVORIT
ZUTAT
KOKOSNUSS
PULVER
QUALITÄT
REZEPT
GESCHMACK
ZUCKER

19 - Mathématiques

K	L	G	Q	B	R	U	C	H	T	E	I	L	N	D
Y	X	S	U	M	M	E	I	R	T	E	M	O	E	G
E	X	P	O	N	E	N	T	K	T	T	B	W	C	V
D	U	E	S	O	X	S	H	S	U	I	D	A	R	L
Z	F	D	S	G	H	N	C	O	V	G	C	O	W	A
W	K	S	P	Y	D	M	E	U	O	P	E	Z	D	H
G	I	I	P	L	B	J	R	M	L	I	V	L	I	S
L	T	N	J	O	S	P	K	F	U	K	P	H	D	Y
E	E	R	K	P	K	A	N	A	M	N	S	T	R	M
I	M	H	S	E	G	R	E	N	E	S	G	A	E	M
C	H	Z	H	U	L	A	S	G	N	N	W	R	I	E
H	T	I	X	E	E	L	A	M	I	Z	E	D	E	T
U	I	N	A	Y	M	L	O	M	S	K	L	A	C	R
N	R	E	L	K	C	E	T	H	C	E	R	U	K	I
G	A	O	F	I	C	L	K	L	L	Q	K	Q	U	E

WINKEL
ARITHMETIK
QUADRAT
UMFANG
DEZIMAL
EXPONENT
GLEICHUNG
BRUCHTEIL
GEOMETRIE
PARALLEL
SENKRECHT
POLYGON
RADIUS
RECHTECK
SUMME
KUGEL
SYMMETRIE
DREIECK
VOLUMEN

20 - Sport

Y	O	Z	G	P	K	N	O	C	H	E	N	M	K	A
V	K	D	W	T	R	O	P	S	R	L	Y	A	Ö	U
X	H	C	S	I	L	O	B	A	T	E	M	X	R	S
D	I	Ä	T	E	E	V	G	F	N	K	P	I	P	D
C	O	J	C	K	I	F	Z	R	E	S	F	M	E	A
Z	Q	W	U	G	Z	S	C	E	A	U	F	I	R	U
Z	R	E	N	I	A	R	T	S	C	M	I	E	M	E
W	V	U	R	H	B	X	Q	Ä	A	W	M	R	Z	R
U	L	I	B	Ä	J	J	X	G	R	L	U	E	O	N
J	H	Q	Z	F	Z	E	O	N	S	K	O	N	P	E
Q	O	E	R	N	Ä	H	R	U	N	G	E	D	T	Z
L	A	G	Y	N	Z	R	A	D	F	A	H	R	E	N
Q	E	Z	G	S	C	H	W	I	M	M	E	N	T	A
A	G	C	T	E	L	H	T	A	R	Z	S	A	R	T
T	I	E	H	D	N	U	S	E	G	M	S	L	D	K

ATHLET
FÄHIGKEIT
KÖRPER
RADFAHREN
TANZEN
DIÄT
AUSDAUER
TRAINER
STÄRKE
JOGGEN
MAXIMIEREN
METABOLISCH
MUSKEL
SCHWIMMEN
ERNÄHRUNG
ZIEL
KNOCHEN
PROGRAMM
GESUNDHEIT
SPORT

21 - Mythologie

K	R	I	E	G	E	R	G	D	M	L	Z	K	X	B
P	M	W	R	F	E	L	O	O	O	A	B	A	S	X
K	U	L	T	U	R	Y	T	N	N	B	M	T	Q	A
M	M	E	G	O	T	B	T	N	S	Y	S	A	Y	I
A	R	Z	K	H	H	A	H	E	T	R	A	S	D	F
G	T	Z	T	I	L	B	E	R	E	I	R	T	N	S
I	L	E	H	L	K	U	I	R	R	N	C	R	L	V
S	T	R	C	O	F	X	T	T	K	T	H	O	E	E
C	V	B	U	S	X	U	E	U	S	H	E	P	G	R
H	I	Y	S	X	W	Y	N	H	H	B	T	H	E	H
S	T	E	R	B	L	I	C	H	E	J	Y	E	N	A
D	C	B	E	K	R	Ä	T	S	L	F	P	Y	D	L
L	L	N	F	D	L	R	C	F	D	L	E	H	E	T
M	N	O	I	T	A	E	R	K	I	K	P	B	K	E
K	P	S	E	H	C	A	R	Z	N	W	K	T	C	N

ARCHETYP
KATASTROPHE
VERHALTEN
KREATION
KREATUR
KULTUR
GOTTHEITEN
BLITZ
STÄRKE
KRIEGER
HELDIN
HELD
EIFERSUCHT
LABYRINTH
LEGENDE
MAGISCH
MONSTER
STERBLICH
DONNER
RACHE

22 - Restaurant #2

X	T	W	A	H	R	J	V	U	F	W	G	F	K	T
R	U	I	U	G	I	H	C	S	I	F	E	R	D	U
V	U	C	S	F	J	X	W	A	I	A	T	U	X	R
Z	Q	A	Y	H	C	Y	L	L	D	D	R	C	L	G
F	Q	J	N	S	A	L	Z	A	O	M	Ä	H	E	A
L	Ö	F	F	E	L	D	K	T	D	A	N	T	W	B
D	O	O	Z	J	S	S	Y	E	E	F	K	N	J	E
L	H	R	L	C	X	S	K	E	L	L	N	E	R	L
G	E	W	Ü	R	Z	E	E	N	I	V	V	H	E	W
X	R	K	N	H	A	N	H	D	U	N	E	C	I	A
K	Ö	S	T	L	I	C	H	Y	N	D	V	U	E	S
E	S	S	U	P	P	E	H	M	O	E	E	K	Z	S
M	I	T	T	A	G	E	S	S	E	N	B	L	P	E
G	E	M	Ü	S	E	Z	N	S	P	M	H	A	N	R
A	Z	V	A	H	C	S	T	U	H	L	J	X	O	F

GETRÄNK
STUHL
LÖFFEL
MITTAGESSEN
KÖSTLICH
ABENDESSEN
WASSER
GEWÜRZE
GABEL
FRUCHT
KUCHEN
EIS
GEMÜSE
NUDELN
EIER
FISCH
SALAT
SALZ
KELLNER
SUPPE

23 - Couleurs

U	U	N	U	R	X	N	L	G	I	O	O	I	U	P
U	E	M	L	T	O	R	G	E	G	I	E	B	Z	U
A	J	G	U	U	O	S	I	L	A	C	A	N	J	R
V	Q	O	A	D	X	R	A	B	R	Y	S	L	P	P
M	A	G	E	N	T	A	A	R	H	Z	Y	T	G	U
S	G	I	B	U	A	R	G	N	O	J	F	C	R	R
S	A	D	H	A	M	W	F	A	G	A	U	Q	Ü	C
E	L	N	H	R	P	M	P	Y	G	E	C	O	N	T
P	F	I	H	B	Q	P	X	Z	L	B	H	I	O	I
I	Y	H	O	R	S	W	E	R	I	R	S	U	I	P
A	B	Q	A	R	Q	E	E	Q	L	S	I	V	Z	T
A	Z	U	R	B	L	A	U	I	A	U	E	L	O	O
S	C	H	W	A	R	Z	A	T	S	L	O	P	C	L
D	U	X	N	R	D	Y	L	M	J	S	W	D	C	M
N	X	H	O	N	E	B	B	R	G	W	F	K	Y	Q

AZURBLAU
BEIGE
WEISS
BLAU
PURPUR
ZYAN
FUCHSIE
GRAU
INDIGO
GELB
MAGENTA
BRAUN
SCHWARZ
ORANGE
ROSA
ROT
SEPIA
GRÜN
LILA

24 - Beauté

S	A	T	C	S	T	Y	L	I	S	T	R	K	W	G
J	H	N	P	R	O	D	U	K	T	E	D	I	M	R
T	U	A	H	N	B	Z	I	R	F	R	H	T	J	F
T	M	G	M	Z	Q	M	N	S	S	C	H	E	R	E
A	V	E	S	P	R	Y	C	P	L	D	Z	M	V	L
L	E	L	D	K	O	X	Q	I	D	Z	V	S	L	I
G	W	E	K	U	Ö	O	N	E	G	O	T	O	F	P
F	A	R	B	E	F	L	S	G	F	D	U	K	E	P
P	M	D	A	I	Z	T	E	E	J	V	M	Z	K	E
C	H	A	R	M	E	Y	V	L	L	W	N	N	G	N
L	O	C	K	E	N	B	A	Y	U	Z	A	A	C	S
D	Z	Y	O	Y	E	D	D	S	X	S	E	G	R	T
W	I	M	P	E	R	N	T	U	S	C	H	E	C	I
V	H	R	O	U	Q	G	M	Q	Y	B	V	L	H	F
J	W	W	I	K	R	R	D	X	P	C	K	E	D	T

LOCKEN
CHARME
SCHERE
KOSMETIK
FARBE
ELEGANZ
ELEGANT
ANMUT
ÖLE
GLATT
WIMPERNTUSCHE
SPIEGEL
DUFT
HAUT
FOTOGEN
PRODUKTE
LIPPENSTIFT
SHAMPOO
STYLIST

25 - Avions

N	C	J	M	W	A	P	A	S	S	A	G	I	E	R
Z	K	G	J	C	S	B	R	N	E	W	A	K	L	A
D	Q	L	G	T	A	C	S	Q	D	Z	N	U	C	K
E	P	S	F	Z	V	U	Y	T	O	L	I	P	N	U
L	A	N	D	U	N	G	F	B	I	R	Y	Z	D	Y
R	I	C	H	T	U	N	G	B	L	E	M	M	I	H
T	U	R	B	U	L	E	N	Z	L	G	G	R	R	R
G	E	S	C	H	I	C	H	T	E	A	A	Z	E	E
Q	P	W	L	U	F	T	F	D	K	B	S	H	S	U
H	A	T	M	O	S	P	H	Ä	R	E	K	E	C	E
Ö	Q	U	A	M	O	T	O	R	K	B	X	U	N	T
H	X	S	K	O	N	S	T	R	U	K	T	I	O	N
E	B	A	L	L	O	N	H	T	V	T	E	D	R	E
P	R	O	P	E	L	L	E	R	A	G	Y	F	L	B
J	U	R	C	R	E	W	Q	X	Q	H	I	I	H	A

LUFT
ATMOSPHÄRE
LANDUNG
ABENTEUER
BALLON
HIMMEL
KONSTRUKTION
ABSTIEG
RICHTUNG
CREW
AUFBLASEN
HÖHE
PROPELLER
GESCHICHTE
MOTOR
PASSAGIER
PILOT
TURBULENZ

26 - Aventure

R	D	R	G	Z	T	S	F	I	H	Z	Z	G	M	A
S	L	Q	E	H	A	C	R	G	I	S	J	N	C	B
S	U	L	M	C	P	H	E	E	M	F	S	U	H	E
A	P	V	X	I	F	Ö	U	L	T	X	Y	T	A	G
J	R	S	X	L	E	N	D	E	Ä	U	M	I	N	E
N	A	T	U	R	R	H	E	G	T	R	O	E	C	I
Z	I	E	L	H	K	E	G	E	I	E	V	R	E	S
N	U	L	W	Ä	E	I	B	N	V	I	F	E	B	T
C	E	Z	E	F	I	T	G	H	I	S	J	B	R	E
E	A	U	S	E	T	W	X	E	T	E	C	R	R	R
U	D	G	J	G	R	O	O	I	K	N	P	O	C	U
A	U	S	F	L	U	G	I	T	A	X	K	V	V	N
S	C	H	W	I	E	R	I	G	K	E	I	T	W	G
U	N	G	E	W	Ö	H	N	L	I	C	H	E	C	K
N	A	V	I	G	A	T	I	O	N	J	W	G	R	H

AKTIVITÄT
SCHÖNHEIT
TAPFERKEIT
CHANCE
GEFÄHRLICH
ZIEL
SCHWIERIGKEIT
BEGEISTERUNG
AUSFLUG
UNGEWÖHNLICH
ROUTE
FREUDE
NATUR
NAVIGATION
NEU
GELEGENHEIT
VORBEREITUNG
REISEN

27 - Ville

G	B	Ä	C	K	E	R	E	I	B	I	P	A	K	Q
B	A	S	T	A	D	I	O	N	A	B	E	P	L	V
U	U	L	H	B	M	V	M	Q	N	Q	A	O	I	A
C	N	E	E	L	U	H	C	S	K	Y	N	T	N	K
H	I	T	K	R	A	M	R	E	P	U	S	H	I	N
H	V	O	M	E	I	H	S	M	T	J	U	E	K	R
A	E	H	K	T	D	E	G	I	B	Z	K	K	I	D
N	R	K	B	A	L	D	Z	O	Y	Y	P	E	X	M
D	S	A	V	E	B	I	B	L	I	O	T	H	E	K
L	I	R	R	H	R	E	S	T	A	U	R	A	N	T
U	T	J	T	T	K	R	A	M	K	I	N	O	O	Z
N	Ä	B	L	U	M	E	N	H	Ä	N	D	L	E	R
G	T	Q	S	O	A	F	Y	J	D	S	T	F	K	R
F	L	U	G	H	A	F	E	N	U	Y	F	P	F	O
R	S	F	I	D	N	J	Y	M	U	S	E	U	M	G

FLUGHAFEN
BANK
BIBLIOTHEK
BÄCKEREI
KINO
KLINIK
SCHULE
BLUMENHÄNDLER
GALERIE
HOTEL

BUCHHANDLUNG
MARKT
MUSEUM
APOTHEKE
RESTAURANT
STADION
SUPERMARKT
THEATER
UNIVERSITÄT
ZOO

28 - Ingénierie

Y	B	G	N	U	S	S	E	M	T	X	A	D	X	T
E	R	N	N	Q	A	K	K	F	F	X	M	I	Z	Z
R	R	U	T	K	U	R	T	S	L	E	F	E	I	T
D	R	L	T	Y	E	V	L	D	Ü	B	M	S	B	D
W	D	I	A	G	R	A	M	M	S	E	A	E	B	U
I	U	E	I	G	R	E	N	E	S	R	S	L	Z	R
N	D	T	A	A	K	J	S	X	I	E	C	G	A	C
K	Z	R	E	C	E	W	V	F	G	C	H	E	J	H
E	E	E	C	V	H	Z	M	V	K	H	I	T	X	M
L	K	V	Y	K	N	S	R	D	E	N	N	R	V	E
D	R	E	H	U	N	G	E	E	I	U	E	I	M	S
F	Ä	G	G	S	B	E	I	R	T	N	A	E	O	S
S	T	A	B	I	L	I	T	Ä	T	G	H	B	T	E
W	S	U	P	K	Q	A	M	G	G	Q	A	E	O	R
P	K	O	N	S	T	R	U	K	T	I	O	N	R	D

WINKEL
ACHSE
BERECHNUNG
KONSTRUKTION
DIAGRAMM
DURCHMESSER
DIESEL
VERTEILUNG
GETRIEBE
ENERGIE
STÄRKE
FLÜSSIGKEIT
MASCHINE
MESSUNG
MOTOR
TIEFE
ANTRIEB
DREHUNG
STABILITÄT
STRUKTUR

29 - Énergie

K	D	E	U	U	N	I	Z	N	E	B	K	L	F	W
O	G	R	M	P	F	G	Q	G	L	N	M	C	F	I
H	Z	N	W	S	F	N	T	R	E	O	N	I	O	N
L	D	E	E	H	T	U	R	T	K	T	C	O	T	D
E	W	U	L	Q	I	Z	K	P	T	O	P	X	S	U
N	E	E	T	O	W	T	O	X	R	H	S	Q	R	Y
S	D	R	B	U	E	U	Z	H	I	P	H	S	E	Q
T	M	B	Z	N	I	M	L	E	S	E	I	D	S	E
O	O	A	T	W	R	H	J	J	C	F	I	X	S	L
F	T	R	U	J	E	C	R	F	H	K	R	T	A	E
F	O	F	F	O	T	S	N	N	E	R	B	Q	W	K
Y	R	G	X	W	T	R	A	E	L	K	U	N	R	T
X	W	M	T	O	A	E	N	I	B	R	U	T	Z	R
X	R	J	E	L	B	V	B	U	D	V	O	T	W	O
L	Z	E	N	T	R	O	P	I	E	F	X	K	I	N

BATTERIE
KOHLENSTOFF
BRENNSTOFF
HITZE
DIESEL
ENTROPIE
UMWELT
BENZIN
ELEKTRISCH
ELEKTRON
WASSERSTOFF
MOTOR
NUKLEAR
PHOTON
VERSCHMUTZUNG
ERNEUERBAR
SONNE
TURBINE
WIND

30 - Corps Humain

Q	F	Z	Z	G	T	Q	Z	N	A	D	V	T	M	G
O	H	R	J	I	S	T	H	C	I	S	E	G	N	S
H	A	N	D	F	U	W	E	E	D	L	V	B	A	C
G	K	K	I	N	N	E	R	R	L	G	K	H	S	H
R	I	W	E	V	N	M	Z	V	P	B	O	A	E	U
Z	E	S	H	B	L	U	T	G	L	E	P	U	Y	L
R	F	O	P	Y	E	A	Q	L	E	I	F	T	F	T
B	E	N	X	L	H	V	F	F	C	H	P	L	D	E
O	R	E	Y	W	C	H	C	E	I	D	I	P	S	R
M	A	G	E	N	Ö	K	N	I	E	N	T	R	E	K
L	Y	O	G	K	N	V	I	W	P	U	G	U	N	N
D	P	B	T	O	K	R	U	B	U	M	Y	E	L	S
I	S	L	A	H	Z	Y	W	K	X	D	X	B	R	W
A	F	L	V	F	E	A	C	J	S	W	B	X	M	O
M	S	E	Q	R	V	F	S	R	T	E	X	I	Q	U

MUND
GEHIRN
KNÖCHEL
HALS
ELLBOGEN
HERZ
FINGER
MAGEN
SCHULTER
KNIE

LIPPEN
HAND
KIEFER
KINN
NASE
OHR
HAUT
BLUT
KOPF
GESICHT

31 - Biologie

D	L	N	H	W	B	L	V	P	M	N	N	S	S	E
S	F	W	E	L	L	E	Z	H	U	E	A	Ä	A	N
G	A	L	P	U	F	Q	U	O	T	C	T	U	B	Z
F	E	X	G	F	R	X	R	T	A	H	Ü	G	A	Y
W	L	U	K	U	L	O	L	O	T	R	R	E	K	M
P	R	O	T	E	I	N	N	S	I	O	L	T	T	X
K	N	Z	Y	B	T	D	S	Y	O	M	I	I	E	S
E	O	V	D	U	P	S	Y	N	N	O	C	E	R	Y
T	I	L	T	S	E	B	N	T	D	S	H	R	I	M
O	T	T	L	A	R	X	A	H	F	O	G	J	E	B
I	U	B	Z	A	X	S	P	E	H	M	U	T	N	I
A	L	J	V	X	G	T	S	S	Y	K	W	U	E	O
B	O	Y	R	B	M	E	E	E	S	O	M	S	O	S
X	V	R	E	N	P	B	N	H	O	R	M	O	N	E
J	E	P	M	I	B	M	A	N	A	T	O	M	I	E

ANATOMIE
BAKTERIEN
ZELLE
CHROMOSOM
KOLLAGEN
EMBRYO
ENZYM
EVOLUTION
HORMON
SÄUGETIER
MUTATION
NATÜRLICH
NERV
NEURON
OSMOSE
PHOTOSYNTHESE
PROTEIN
REPTIL
SYMBIOSE
SYNAPSE

32 - Épices

K	P	J	L	L	I	E	M	O	M	A	D	R	A	K
N	A	R	F	A	S	J	Q	Z	H	N	H	Z	N	X
O	K	D	N	K	C	O	Q	G	C	H	O	U	I	G
B	S	L	G	C	Z	W	I	E	B	E	L	H	S	K
L	A	W	E	A	L	A	K	R	I	T	Z	E	F	R
A	L	B	F	M	U	S	K	A	T	N	U	S	S	P
U	Z	I	E	H	M	G	G	C	O	C	S	D	A	F
C	Z	T	N	C	Y	Ü	A	J	C	L	G	I	V	E
H	Q	T	C	S	A	X	K	I	Q	G	B	N	V	F
T	I	E	H	E	T	M	I	Z	K	Y	W	G	K	F
V	X	R	E	G	S	B	R	E	U	A	S	W	F	E
P	A	H	L	O	O	H	P	R	R	E	U	E	E	R
V	A	N	I	L	L	E	A	Z	R	Y	R	R	U	C
Y	M	C	Z	H	I	S	P	X	T	U	V	K	I	G
V	K	O	R	I	A	N	D	E	R	H	Q	Y	C	A

SAUER
KNOBLAUCH
BITTER
ANIS
ZIMT
KARDAMOM
KORIANDER
KREUZKÜMMEL
CURRY
FENCHEL
INGWER
MUSKATNUSS
ZWIEBEL
PAPRIKA
PFEFFER
LAKRITZE
SAFRAN
GESCHMACK
SALZ
VANILLE

33 - Agronomie

S	T	L	E	W	M	U	H	D	M	P	F	F	F	C
D	T	W	Ä	D	T	G	N	U	H	C	S	R	O	F
Ü	A	U	A	N	E	I	G	R	E	N	E	E	W	V
N	A	K	D	I	D	T	W	V	P	E	M	S	I	E
G	S	R	P	I	W	L	C	T	O	D	O	S	S	R
E	S	A	R	K	E	A	I	Z	S	O	N	A	S	S
R	Y	N	O	I	I	H	C	C	D	B	X	W	E	C
Y	S	K	D	N	G	H	B	H	H	P	J	J	N	H
X	T	H	U	H	O	C	T	Q	S	F	L	S	S	M
Y	E	E	K	E	L	A	J	V	Y	T	J	T	C	U
W	M	I	T	Q	O	N	E	S	S	E	U	B	H	T
O	E	T	I	U	K	G	E	M	Ü	S	E	M	A	Z
F	M	S	O	N	Ö	E	R	O	S	I	O	N	F	U
S	Q	W	N	V	Q	P	Z	X	B	V	P	F	T	N
O	C	P	N	L	F	U	S	L	E	G	P	U	I	G

WACHSTUM	GEMÜSE
NACHHALTIG	KRANKHEIT
WASSER	ESSEN
DÜNGER	VERSCHMUTZUNG
UMWELT	PRODUKTION
ÖKOLOGIE	FORSCHUNG
ENERGIE	LÄNDLICH
EROSION	WISSENSCHAFT
STUDIE	BODEN
SAAT	SYSTEME

34 - Vêtements

X	C	R	Z	P	Y	M	K	E	N	A	I	I	B	M
E	X	T	S	S	C	H	A	L	S	C	H	U	H	F
F	N	E	L	A	D	N	A	S	H	S	T	H	G	I
P	Y	H	Z	G	H	K	T	A	J	E	G	K	P	M
H	K	M	D	R	Q	Y	R	S	S	A	M	F	R	A
B	B	M	Y	O	Ü	P	T	B	A	I	S	D	N	N
G	Ü	R	T	E	L	H	Z	K	S	Q	K	T	Q	T
F	G	S	U	Z	L	S	C	I	K	M	O	D	E	E
H	V	V	H	W	B	L	U	S	E	L	R	P	S	L
S	C	H	L	A	F	A	N	Z	U	G	E	K	O	V
A	R	M	B	A	N	D	J	E	A	N	S	I	H	L
X	B	V	O	O	P	P	M	O	Z	Y	N	Y	D	P
H	A	N	D	S	C	H	U	H	E	K	C	A	J	R
U	L	A	Q	H	A	L	S	K	E	T	T	E	T	V
G	H	N	P	U	L	L	O	V	E	R	R	O	C	K

ARMBAND
GÜRTEL
HUT
SCHUH
HEMD
BLUSE
HALSKETTE
SCHAL
HANDSCHUHE
JEANS
ROCK
MANTEL
MODE
HOSE
PULLOVER
SCHLAFANZUG
KLEID
SANDALEN
SCHÜRZE
JACKE

35 - Arts Visuels

K	T	A	Z	U	I	H	E	V	K	L	A	C	K	G
R	F	R	B	M	O	K	V	E	R	T	N	M	A	E
E	M	C	Q	Q	X	R	I	D	E	G	W	A	Y	I
A	W	H	S	P	B	E	T	S	I	J	F	C	O	P
T	F	I	T	V	I	W	K	E	D	L	Ä	M	E	G
I	S	T	I	Ä	A	R	E	B	E	N	D	C	L	X
V	C	E	F	E	R	E	P	P	Y	W	H	S	X	R
I	H	K	T	M	U	T	S	G	F	Z	A	A	F	E
T	A	T	T	D	T	S	R	K	T	U	L	C	A	L
Ä	B	U	S	H	P	I	E	O	U	O	X	B	H	T
T	L	R	Q	F	L	E	P	V	P	M	N	P	T	S
Q	O	V	U	O	U	M	A	I	V	L	I	O	J	N
J	N	S	I	T	K	E	R	A	M	I	K	D	L	Ü
O	E	G	I	O	S	M	A	T	Z	F	Q	C	W	K
D	L	F	N	L	H	O	L	Z	K	O	H	L	E	O

ARCHITEKTUR
TON
KÜNSTLER
KERAMIK
HOLZKOHLE
MEISTERWERK
WACHS
KREIDE
KREATIVITÄT
FILM
GEMÄLDE
PERSPEKTIVE
FOTO
SCHABLONE
PORTRÄT
SKULPTUR
STIFT
LACK

36 - Méditation

L	N	G	I	H	U	R	D	N	A	T	S	R	E	V
E	A	E	G	P	X	R	F	G	N	U	T	L	A	H
H	T	D	O	E	R	N	A	Q	N	E	N	R	E	L
R	U	A	S	T	I	E	K	R	A	B	K	N	A	D
E	R	N	X	R	T	S	P	X	H	K	P	R	P	P
M	K	K	C	Ü	L	G	T	B	M	K	H	A	E	O
G	N	E	D	E	I	R	F	I	E	A	F	Y	R	Q
T	K	N	H	L	H	Ü	F	E	G	T	I	M	S	M
F	E	O	E	A	I	A	A	V	G	M	U	J	P	Z
B	E	W	E	G	U	N	G	T	V	Q	V	B	E	S
S	G	Q	O	J	B	F	K	A	M	T	N	V	K	T
K	K	L	A	R	H	E	I	T	W	U	H	B	T	I
Z	Z	K	A	S	B	K	S	M	A	I	N	A	I	L
S	D	E	Z	H	Y	J	U	F	C	W	V	G	V	L
E	D	H	D	A	S	H	M	Z	H	X	B	F	E	E

ANNAHME
LERNEN
GLÜCK
RUHIG
KLARHEIT
MITGEFÜHL
LEHRE
VERSTAND
WACH
DANKBARKEIT
GEISTIG
BEWEGUNG
MUSIK
NATUR
FRIEDEN
GEDANKEN
PERSPEKTIVE
HALTUNG
ATMUNG
STILLE

37 - Littérature

D	E	S	A	N	A	L	Y	S	E	R	K	F	W	H
P	I	T	R	A	G	Ö	D	I	E	A	O	I	X	A
X	O	A	M	Y	D	E	Y	F	E	W	U	M	J	U
S	R	E	L	H	Ä	Z	R	E	N	H	X	C	A	Z
S	D	U	T	O	M	E	T	A	P	H	E	R	O	N
Y	E	W	V	I	G	A	N	E	K	D	O	T	E	Q
M	I	U	K	H	S	R	H	Y	T	H	M	U	S	A
T	H	E	M	A	L	C	A	N	A	L	O	G	I	E
C	P	K	I	T	O	T	H	C	I	D	E	G	L	F
D	A	B	E	S	C	H	R	E	I	B	U	N	G	I
W	R	N	R	O	T	U	A	Y	D	I	W	U	J	K
J	G	V	E	R	G	L	E	I	C	H	Q	N	W	T
V	O	F	E	U	R	I	V	Z	G	P	V	I	O	I
R	I	H	P	G	K	T	L	M	G	L	M	E	V	O
N	B	O	H	N	B	S	X	G	C	Y	G	M	Q	N

ANALOGIE
ANALYSE
ANEKDOTE
AUTOR
BIOGRAPHIE
VERGLEICH
BESCHREIBUNG
DIALOG
FIKTION
METAPHER
ERZÄHLER
MEINUNG
GEDICHT
POETISCH
REIM
ROMAN
RHYTHMUS
STIL
THEMA
TRAGÖDIE

38 - Nourriture #1

K	A	R	O	T	T	E	R	E	E	B	D	R	E	G
S	S	H	I	F	M	U	K	I	L	I	S	A	B	K
P	T	A	W	A	I	I	Z	U	C	K	E	R	S	K
I	H	Z	L	S	L	F	Z	W	S	O	Q	Z	K	O
N	U	U	I	Z	C	H	O	G	Q	S	R	Ü	B	E
A	N	N	E	T	H	C	U	A	L	B	O	N	K	P
T	F	J	D	A	R	Q	D	K	H	T	G	U	W	P
W	I	Q	H	L	O	O	A	Z	H	R	I	I	C	U
S	S	Y	C	A	H	O	N	L	E	K	V	Z	B	S
A	C	A	C	S	P	G	W	E	T	S	R	E	G	Y
Q	H	C	S	M	X	C	S	B	K	F	K	H	T	H
B	I	R	N	E	O	O	V	E	C	C	W	B	A	L
K	A	F	F	E	E	M	K	I	C	C	Q	W	Y	E
F	L	E	I	S	C	H	C	W	H	H	D	R	Y	R
Y	D	D	U	U	S	G	Z	Z	K	D	P	R	J	A

KNOBLAUCH
BASILIKUM
KAFFEE
ZIMT
KAROTTE
ZITRONE
SPINAT
ERDBEERE
SAFT
MILCH
RÜBE
ZWIEBEL
GERSTE
BIRNE
SALAT
SALZ
SUPPE
ZUCKER
THUNFISCH
FLEISCH

39 - Jours et Mois

I	Z	Z	Z	D	W	O	C	H	E	J	R	V	Y	V
A	P	R	I	L	O	N	F	Q	K	A	S	U	B	U
H	L	Ä	E	U	W	N	R	E	D	N	E	L	A	K
H	D	M	P	L	B	A	N	U	K	U	B	K	J	D
W	R	E	B	M	E	T	P	E	S	A	P	O	Z	F
J	M	I	T	T	W	O	C	H	R	R	N	X	S	S
U	C	L	K	A	S	D	D	L	E	S	N	Q	R	O
N	W	U	N	M	V	U	Z	I	B	J	T	G	H	N
I	I	J	R	E	B	M	E	V	O	N	S	A	G	N
D	I	E	N	S	T	A	G	I	T	O	U	T	G	T
M	B	V	N	X	P	P	V	J	K	C	G	S	A	A
L	O	Q	O	S	D	S	J	T	O	R	U	M	T	G
M	K	N	F	E	B	R	U	A	R	N	A	A	N	N
R	E	L	A	F	R	E	I	T	A	G	D	S	O	T
P	A	H	W	T	M	T	O	C	R	G	J	M	M	A

AUGUST
APRIL
KALENDER
SONNTAG
FEBRUAR
JANUAR
DONNERSTAG
JULI
JUNI
MONTAG
DIENSTAG
MÄRZ
MITTWOCH
MONAT
NOVEMBER
OKTOBER
SAMSTAG
WOCHE
SEPTEMBER
FREITAG

40 - Jardinage

B	S	J	E	N	Y	W	R	D	C	E	Z	M	K	W
U	L	H	V	W	T	X	Z	A	N	D	L	B	Z	G
A	S	Ü	L	E	R	W	Q	H	C	W	V	Z	Z	Z
L	A	Z	T	U	M	H	C	S	S	U	A	R	T	S
K	I	L	I	E	Q	Q	B	V	B	R	H	E	B	K
L	S	R	E	S	S	A	W	O	H	B	V	N	L	O
I	O	T	K	J	A	F	Y	K	D	M	P	I	A	M
M	N	I	G	F	R	A	B	S	S	E	L	A	T	P
A	A	L	I	G	X	P	T	R	A	W	N	T	T	O
D	L	E	T	S	C	H	L	A	U	C	H	N	L	S
F	Q	R	H	C	S	I	N	A	T	O	B	O	B	T
G	H	H	C	S	I	T	O	X	E	G	Z	C	K	I
X	T	I	U	D	L	G	N	S	F	K	S	Q	R	K
O	J	N	E	T	R	A	G	T	S	B	O	F	V	T
H	E	K	F	A	T	J	B	D	N	E	V	L	S	V

BOTANISCH
STRAUSS
KLIMA
ESSBAR
KOMPOST
WASSER
ART
EXOTISCH
LAUB
BLATT

BLÜTE
SAAT
FEUCHTIGKEIT
CONTAINER
SAISONAL
SCHMUTZ
BODEN
SCHLAUCH
OBSTGARTEN

41 - Entreprise

T	R	A	N	S	A	K	T	I	O	N	F	N	K	S
R	J	N	E	R	E	I	Z	N	A	N	I	F	A	W
N	W	J	I	O	Y	B	L	H	C	Y	R	C	R	O
S	F	B	U	D	G	E	T	D	G	G	M	Y	R	I
M	I	T	A	R	B	E	I	T	E	R	A	C	I	Z
I	N	V	E	S	T	I	T	I	O	N	W	K	E	J
V	G	N	U	R	H	Ä	W	H	L	L	X	I	R	G
E	E	A	R	B	E	I	T	G	E	B	E	R	E	E
R	W	I	J	W	A	R	E	Q	F	J	Y	B	D	S
K	I	Y	V	A	F	C	N	X	D	U	E	A	B	C
A	N	J	M	W	I	R	T	S	C	H	A	F	T	H
U	N	V	Z	B	Y	M	L	D	L	G	Y	Q	Q	Ä
F	E	Y	G	Ü	K	O	S	T	E	N	E	X	Z	F
F	C	K	N	R	E	U	E	T	S	Z	L	L	X	T
N	E	M	M	O	K	N	I	E	Y	L	N	O	D	D

GELD
GESCHÄFT
BUDGET
BÜRO
KARRIERE
KOSTEN
WÄHRUNG
ARBEITGEBER
MITARBEITER
FIRMA
WIRTSCHAFT
FINANZIEREN
STEUERN
INVESTITION
WARE
GEWINN
EINKOMMEN
TRANSAKTION
FABRIK
VERKAUF

42 - Activités

P	K	T	I	E	K	G	I	H	Ä	F	D	T	V	V
M	A	L	E	I	B	E	L	H	X	R	I	W	E	G
Z	N	A	U	B	M	M	O	E	F	E	K	A	R	L
S	Ä	D	I	V	K	Ä	F	X	D	I	U	N	G	W
T	H	N	E	S	E	L	I	I	S	Z	N	D	N	P
D	E	X	D	R	R	D	G	A	J	E	S	E	Ü	I
E	N	F	U	I	A	E	V	R	K	I	T	R	G	N
C	H	G	V	H	M	Q	E	C	B	T	H	N	E	T
S	A	T	Ä	T	I	V	I	T	K	A	A	S	N	E
J	P	M	O	O	K	L	G	X	T	S	N	U	K	R
G	U	I	P	C	K	B	A	U	W	A	D	D	T	E
N	H	T	E	I	W	K	M	L	M	E	W	R	C	S
T	R	R	W	L	N	L	E	G	N	A	E	K	B	S
F	G	O	J	B	E	G	C	G	B	T	R	F	S	E
F	O	T	O	G	R	A	F	I	E	O	K	N	U	N

AKTIVITÄT
KUNST
KUNSTHANDWERK
CAMPING
KERAMIK
JAGD
FÄHIGKEIT
NÄHEN
INTERESSEN
SPIELE
LESEN
FREIZEIT
MAGIE
GEMÄLDE
ANGELN
FOTOGRAFIE
VERGNÜGEN
WANDERN

43 - Mode

V	Q	S	T	R	E	N	D	S	C	N	D	G	S	A
D	Q	N	P	U	G	F	U	U	P	O	K	C	T	N
C	R	E	Y	I	H	X	E	B	M	O	L	A	I	S
L	S	D	I	J	T	R	R	O	E	L	E	Y	C	P
L	Q	I	M	L	I	Z	N	U	F	B	I	I	K	R
E	L	E	G	A	N	T	E	T	X	B	D	O	E	U
B	G	H	T	N	R	H	T	I	Z	J	U	V	R	C
A	K	C	E	I	E	D	S	Q	S	J	N	H	E	H
T	W	S	X	G	D	J	A	U	V	T	G	C	I	S
R	R	E	T	I	O	M	T	E	O	G	O	A	D	V
O	E	B	U	R	M	N	I	D	L	I	T	F	F	O
F	U	T	R	O	E	K	H	P	M	T	N	N	F	L
M	E	H	S	J	B	I	X	F	J	U	W	I	E	L
O	T	T	T	U	S	T	I	L	H	W	U	E	Z	H
K	R	F	Z	L	M	P	R	A	K	T	I	S	C	H

BOUTIQUE
TASTEN
STICKEREI
TEUER
KOMFORTABEL
SPITZE
ELEGANT
MODERN
BESCHEIDEN
MUSTER

ORIGINAL
PRAKTISCH
EINFACH
ANSPRUCHSVOLL
STIL
TREND
TEXTUR
STOFF
KLEIDUNG

44 - Fleurs

O	R	C	H	I	D	E	E	C	M	S	P	C	B	J
D	P	U	O	H	Q	F	Z	D	O	O	X	H	H	A
A	A	A	J	R	D	I	G	G	H	N	H	L	M	S
I	S	S	U	A	R	T	S	Ä	N	N	K	I	A	M
R	S	E	N	V	Z	Z	C	N	T	E	Q	O	G	I
E	I	N	E	D	R	A	G	S	D	N	I	V	N	N
M	O	L	T	R	E	N	R	E	O	B	S	R	O	H
U	N	Z	I	U	Y	U	Y	B	A	L	I	L	L	A
L	S	S	L	L	L	T	V	L	C	U	S	X	I	Z
P	B	L	D	I	I	P	H	Ü	P	M	P	G	E	N
M	L	R	O	S	E	E	E	M	U	E	S	N	W	E
S	U	K	S	I	B	I	H	C	G	Q	L	J	N	W
K	M	Z	S	K	L	E	E	H	F	A	T	H	V	Ö
J	E	Z	L	J	P	A	L	E	D	N	E	V	A	L
X	N	S	T	T	A	L	B	N	E	T	Ü	L	B	V

STRAUSS
GARDENIE
HIBISKUS
JASMIN
LAVENDEL
LILA
LILIE
MAGNOLIE
GÄNSEBLÜMCHEN
ORCHIDEE
PASSIONSBLUME
MOHN
BLÜTENBLATT
LÖWENZAHN
PLUMERIA
ROSE
SONNENBLUME
KLEE
TULPE

45 - Nourriture #2

K	Z	D	N	N	A	F	C	P	E	H	H	L	F	M
A	I	E	E	N	A	N	A	B	B	U	L	H	Q	S
O	E	W	Z	K	F	I	S	C	H	P	B	Z	W	C
S	I	S	I	I	F	A	I	T	O	M	A	T	E	H
P	R	N	E	R	Z	M	A	L	I	O	I	R	P	O
S	E	S	W	S	W	V	I	M	Y	S	E	X	L	K
W	L	I	X	C	T	C	L	A	M	A	N	G	O	O
T	L	T	X	H	R	X	O	N	M	M	E	L	Z	L
E	E	L	Z	E	A	C	K	D	E	A	K	Q	X	A
L	S	S	K	E	U	V	K	E	D	X	N	H	K	D
E	R	E	I	S	B	B	O	L	M	H	I	J	Q	E
F	V	Q	E	Z	E	G	R	I	Z	U	H	C	I	X
P	S	M	M	X	L	X	B	O	F	H	C	V	T	G
A	U	B	E	R	G	I	N	E	T	N	S	Y	R	S
E	A	Y	H	D	D	O	P	C	E	F	H	E	M	Z

MANDEL
AUBERGINE
BANANE
WEIZEN
BROKKOLI
KIRSCHE
SELLERIE
PILZ
SCHOKOLADE
SCHINKEN
KIWI
MANGO
EI
BROT
FISCH
APFEL
HUHN
TRAUBE
REIS
TOMATE

46 - Algèbre

G	M	G	Y	Q	S	P	K	A	U	V	T	D	N	V
N	R	E	C	Q	Q	R	O	T	K	A	F	I	U	E
U	G	A	N	N	T	O	T	N	H	K	K	A	M	R
H	T	C	P	G	V	B	L	E	S	E	F	G	M	E
C	H	F	Z	H	E	L	Ö	N	J	B	B	R	E	I
I	F	W	A	Y	G	E	S	O	A	A	J	A	R	N
E	N	O	S	A	S	M	U	P	X	W	U	M	V	F
L	X	I	R	T	A	M	N	X	W	B	N	M	A	A
G	L	G	F	M	R	R	G	E	M	K	E	Q	R	C
H	X	V	N	R	E	M	M	A	L	K	N	P	I	H
C	O	W	Z	V	C	L	L	U	N	N	D	N	A	E
S	U	B	T	R	A	K	T	I	O	N	L	Z	B	N
L	I	E	T	H	C	U	R	B	C	Y	I	Z	L	Q
A	K	T	F	W	Z	K	U	M	X	H	C	K	E	I
F	R	O	N	P	L	I	N	E	A	R	H	O	D	K

DIAGRAMM
EXPONENT
GLEICHUNG
FAKTOR
FALSCH
FORMEL
BRUCHTEIL
GRAPH
UNENDLICH
LINEAR
MATRIX
NUMMER
KLAMMERN
PROBLEM
MENGE
VEREINFACHEN
LÖSUNG
SUBTRAKTION
VARIABLE
NULL

47 - Océan

S	J	E	U	O	W	O	V	T	T	G	O	G	C	L
E	K	A	R	K	A	O	A	M	M	A	W	H	C	S
E	S	T	U	R	M	R	O	V	F	R	U	K	X	T
T	S	F	X	N	H	C	S	I	F	N	U	H	T	M
A	J	N	O	K	R	A	B	B	E	E	F	Z	O	R
N	Q	U	A	L	L	E	O	E	L	L	A	R	O	K
G	I	S	A	L	Z	B	M	Q	K	E	M	I	B	O
Z	F	F	T	Q	U	R	W	M	H	J	Y	F	A	V
D	B	O	L	R	F	X	U	F	J	M	C	F	J	H
G	V	L	A	E	C	M	L	T	U	K	S	K	Q	W
S	C	H	I	L	D	K	R	Ö	T	E	H	M	E	E
L	A	V	A	R	U	H	H	A	U	S	T	E	R	L
D	Q	P	A	F	I	S	C	H	Z	T	W	R	G	L
D	V	H	L	P	S	E	X	W	K	E	A	P	F	E
U	S	I	R	O	C	S	V	N	J	T	L	D	M	N

SEETANG
AAL
WAL
BOOT
KORALLE
KRABBE
GARNELE
DELFIN
SCHWAMM
AUSTER
QUALLE
FISCH
KRAKE
HAI
RIFF
SALZ
STURM
THUNFISCH
SCHILDKRÖTE
WELLEN

48 - Remplir

Y	X	W	U	B	S	S	A	F	G	M	Y	L	Z	E
B	V	F	M	T	C	N	A	R	W	Z	C	Y	I	I
B	U	E	S	R	H	O	R	V	M	X	L	H	G	M
E	P	S	C	J	I	T	A	B	L	E	T	T	D	E
Q	P	M	H	B	F	R	U	R	K	H	I	R	X	R
F	R	P	L	O	F	A	X	O	L	C	J	H	Z	E
L	K	F	A	X	B	K	P	K	V	S	V	Z	E	F
A	I	I	G	M	H	E	P	A	N	A	R	L	D	F
S	O	R	D	M	C	N	C	I	K	T	V	N	A	O
C	I	T	W	X	D	N	P	K	W	E	K	S	L	K
H	X	A	U	O	F	A	J	H	E	O	T	V	B	X
E	V	O	H	K	D	W	Y	T	T	N	K	R	U	G
O	A	U	Q	V	M	D	E	H	S	N	M	Q	H	T
P	S	R	T	G	T	A	Z	P	I	F	A	H	C	S
K	E	W	A	M	S	H	T	Z	K	J	B	V	S	H

WANNE
FASS
BECKEN
BOX
FLASCHE
KISTE
KARTON
MAPPE
UMSCHLAG
SCHIFF

KORB
PAKET
TABLETT
KRUG
TASCHE
EIMER
SCHUBLADE
ROHR
KOFFER
VASE

49 - Antiquités

D	A	Z	E	Z	G	E	M	Ä	L	D	E	S	R	H
E	U	G	N	U	R	E	G	I	E	T	S	R	E	V
K	T	O	U	S	Y	L	V	H	W	R	L	P	Z	T
O	H	X	A	T	N	A	G	E	L	E	F	A	R	Ä
R	E	W	T	A	K	U	N	S	T	W	F	C	X	T
A	N	D	N	N	O	I	T	I	T	S	E	V	N	I
T	T	K	D	D	P	R	E	I	S	D	T	K	L	L
I	I	C	J	A	H	R	H	U	N	D	E	R	T	A
V	S	U	H	C	I	L	N	H	Ö	W	E	G	N	U
N	C	M	B	A	H	G	A	L	E	R	I	E	M	Q
X	H	H	Ö	U	T	V	Z	C	Q	K	T	I	Ü	R
V	V	C	B	B	V	R	G	V	C	G	K	V	N	L
X	V	S	Y	J	E	R	X	A	F	F	D	S	Z	O
N	Y	R	U	T	P	L	U	K	S	D	T	O	E	I
S	T	I	L	J	I	W	M	I	L	X	Y	L	N	C

KUNST
AUTHENTISCH
SCHMUCK
ZUSTAND
DEKORATIV
VERSTEIGERUNG
ELEGANT
GALERIE
UNGEWÖHNLICH
INVESTITION
MÖBEL
GEMÄLDE
MÜNZEN
PREIS
QUALITÄT
SKULPTUR
JAHRHUNDERT
STIL
WERT
ALT

50 - Boxe

Q	D	O	P	K	C	C	A	P	Y	V	D	G	T	E
P	Q	O	P	Ö	G	T	Y	U	X	E	L	I	E	S
X	H	J	B	R	X	B	Q	N	R	R	L	A	K	U
N	G	Y	J	P	S	U	G	K	E	L	Q	U	R	K
E	K	E	X	E	N	D	K	T	C	E	B	V	Ä	O
G	K	K	G	R	G	X	D	E	O	T	I	B	T	F
O	O	C	M	N	N	I	K	K	V	Z	A	U	S	M
B	U	E	O	N	E	X	D	G	E	U	E	M	E	Y
L	B	O	E	L	J	R	X	A	R	N	Y	C	R	B
L	M	J	I	R	G	E	X	V	Y	G	S	V	K	W
E	R	S	C	H	Ö	P	F	T	F	E	K	F	B	K
H	A	N	D	S	C	H	U	H	E	N	I	A	N	W
K	Ä	M	P	F	E	R	H	H	G	L	C	U	X	R
F	Ä	H	I	G	K	E	I	T	S	F	K	S	Z	J
S	C	H	N	E	L	L	E	X	C	B	L	T	K	L

GEGNER
VERLETZUNGEN
GLOCKE
ECKE
KÄMPFER
FÄHIGKEIT
FOKUS
SEILE
KÖRPER
ELLBOGEN
KICK
ERSCHÖPFT
STÄRKE
HANDSCHUHE
KINN
FAUST
PUNKTE
SCHNELL
RECOVERY

51 - Ballet

F	F	F	R	A	H	Z	T	Q	N	A	V	M	Y	H
I	R	Ä	K	N	C	T	D	Q	Q	U	P	C	L	C
N	E	H	I	M	V	V	R	U	F	S	F	R	U	S
L	E	I	S	U	A	L	P	P	A	D	S	E	D	I
T	G	G	U	T	V	R	L	T	U	R	S	T	F	R
R	V	K	M	I	W	E	W	Ä	T	U	B	S	I	E
J	E	E	G	G	H	Z	G	T	W	C	A	E	P	L
W	Y	I	B	E	E	N	X	I	L	K	L	H	U	T
Z	N	T	R	X	S	Ä	R	S	I	S	L	C	B	S
M	U	S	K	E	L	T	E	N	U	V	E	R	L	N
T	E	C	H	N	I	K	E	E	S	O	R	O	I	Ü
K	O	M	P	O	N	I	S	T	O	L	I	H	K	K
P	R	O	B	E	O	E	G	N	L	L	N	F	U	Y
R	H	Y	T	H	M	U	S	I	O	V	A	Z	M	N
Z	C	H	O	R	E	O	G	R	A	P	H	I	E	W

APPLAUS
KÜNSTLERISCH
BALLERINA
CHOREOGRAPHIE
FÄHIGKEIT
KOMPONIST
TÄNZER
AUSDRUCKSVOLL
GESTE
ANMUTIG
INTENSITÄT
MUSKEL
MUSIK
ORCHESTER
PUBLIKUM
PROBE
RHYTHMUS
SOLO
STIL
TECHNIK

52 - Fruit

G	H	Z	G	U	T	K	T	H	J	A	T	U	Z	E
L	K	T	N	Y	T	C	Y	W	T	B	F	F	W	A
Z	P	F	I	R	S	I	C	H	T	F	T	C	A	M
S	I	B	E	E	R	E	N	V	Z	E	N	R	I	B
H	W	T	K	I	R	S	C	H	E	I	W	Z	Y	N
E	I	C	R	P	A	P	A	Y	A	G	H	Z	Z	E
S	K	T	H	O	G	N	A	M	N	E	B	P	C	K
O	V	O	T	I	N	L	D	H	M	B	C	C	N	T
K	R	D	S	W	X	E	R	E	E	B	M	I	H	A
I	X	A	U	I	J	F	M	E	L	O	N	E	C	R
R	F	C	N	H	H	P	V	N	V	H	M	W	K	I
P	H	O	G	G	S	A	N	A	N	A	B	C	E	N
A	C	V	B	X	E	A	X	N	T	Y	U	H	X	E
S	E	A	L	T	N	R	W	A	O	B	Y	G	J	T
X	S	L	A	E	X	Y	E	B	U	A	R	T	U	U

APRIKOSE
ANANAS
AVOCADO
BEERE
BANANE
KIRSCHE
ZITRONE
FEIGE
HIMBEERE
GUAVE
KIWI
MANGO
MELONE
NEKTARINE
ORANGE
PAPAYA
PFIRSICH
BIRNE
APFEL
TRAUBE

53 - Technologie

M	G	D	V	Z	B	W	K	B	R	O	W	S	E	R
T	K	I	I	T	I	W	A	A	N	Z	E	I	G	E
Q	G	G	R	I	L	O	M	F	D	D	D	N	Y	W
M	D	I	T	E	D	W	E	O	J	O	X	H	C	O
B	G	T	U	H	S	P	R	R	H	M	R	M	E	R
S	N	A	E	R	C	Y	A	S	K	Z	Y	O	R	Z
N	C	L	L	E	H	T	H	C	I	R	H	C	A	N
L	E	H	L	H	I	E	I	H	T	N	G	Y	W	E
T	O	F	R	C	R	N	F	U	S	K	O	C	T	T
L	K	N	H	I	M	R	C	N	I	B	C	N	F	A
D	E	P	T	S	F	E	A	G	T	D	Y	R	O	D
C	U	R	S	O	R	T	C	Z	A	B	A	T	S	G
V	I	R	U	S	O	N	A	J	T	L	D	T	E	N
E	M	T	B	G	J	I	U	R	S	O	H	F	E	S
C	O	M	P	U	T	E	R	E	T	G	J	V	Q	I

ANZEIGE
BLOG
KAMERA
CURSOR
DATEN
BILDSCHIRM
DATEI
INTERNET
SOFTWARE
NACHRICHT
BROWSER
DIGITAL
BYTES
COMPUTER
SCHRIFTART
FORSCHUNG
SICHERHEIT
STATISTIK
VIRTUELL
VIRUS

54 - Musique

A	M	U	S	I	K	E	R	K	O	J	Y	I	M	H
L	F	Y	U	O	N	K	T	E	O	C	D	P	E	C
B	Q	L	M	J	X	K	L	Y	G	R	V	W	L	S
U	T	V	H	Y	S	Y	K	A	J	N	Y	U	O	I
M	N	J	T	K	N	R	S	N	S	H	Ä	A	D	N
E	E	U	Y	Q	Y	Z	T	V	T	S	E	S	I	O
M	M	K	H	C	S	I	T	E	O	P	I	V	E	M
H	U	Y	R	B	A	L	L	A	D	E	N	S	H	R
A	R	S	S	G	H	J	U	E	X	W	O	O	C	A
N	T	H	I	A	O	X	X	H	Z	O	M	P	S	H
F	S	D	V	C	S	I	N	G	E	N	R	E	I	Z
U	N	J	G	M	A	V	F	R	Y	L	A	R	R	B
A	I	S	Q	J	L	L	B	T	C	U	H	Y	Y	Q
I	M	P	R	O	V	I	S	I	E	R	E	N	L	R
M	I	K	R	O	F	O	N	X	U	F	S	S	O	H

ALBUM
BALLADE
SINGEN
SÄNGER
KLASSISCH
AUFNAHME
HARMONIE
HARMONISCH
IMPROVISIEREN
INSTRUMENT
LYRISCH
MELODIE
MIKROFON
MUSICAL
MUSIKER
OPER
POETISCH
RHYTHMUS

55 - Météo

K	O	U	W	Y	V	T	I	Y	Q	K	N	Z	W	H
W	W	P	Z	K	R	O	B	O	T	P	O	T	O	U
U	B	E	R	Ä	H	P	S	O	M	T	A	D	L	R
E	I	S	T	N	I	T	R	O	C	K	E	N	K	R
D	M	Q	R	T	M	E	A	T	W	X	Z	I	E	I
O	L	E	O	A	M	I	L	K	Q	B	L	W	B	K
N	Y	O	P	N	E	G	O	B	N	E	G	E	R	A
N	W	F	I	S	L	S	P	D	M	C	I	J	T	N
E	H	M	S	L	E	E	I	P	M	J	H	U	P	B
R	H	Q	C	Y	B	F	P	R	Q	J	U	X	F	U
R	W	M	H	D	E	I	B	W	B	M	R	Y	T	T
M	O	N	S	U	N	A	T	O	R	N	A	D	O	I
D	Ü	R	R	E	T	E	M	P	E	R	A	T	U	R
A	B	J	C	R	T	N	U	Z	R	W	T	Q	L	F
U	H	F	G	G	C	U	Y	A	S	T	U	R	M	F

REGENBOGEN
ATMOSPHÄRE
BRISE
NEBEL
RUHIG
HIMMEL
KLIMA
EIS
MONSUN
WOLKE
HURRIKAN
POLAR
TROCKEN
DÜRRE
TEMPERATUR
STURM
DONNER
TORNADO
TROPISCH
WIND

56 - L'Entreprise

E	I	N	N	A	H	M	E	N	K	A	R	P	F	R
I	N	N	O	V	A	T	I	V	R	O	B	R	O	E
I	N	D	U	S	T	R	I	E	E	V	E	O	R	S
E	I	N	H	E	I	T	E	N	A	H	S	F	T	S
X	G	E	N	C	U	N	X	N	T	M	C	E	S	O
Y	T	Q	L	A	B	O	L	G	I	E	H	S	C	U
E	Ä	F	U	R	L	I	N	V	V	W	Ä	S	H	R
M	T	I	Ä	P	N	T	R	C	X	F	F	I	R	C
T	I	E	K	H	C	I	L	G	Ö	M	T	O	I	E
K	L	P	Y	A	C	T	X	X	T	B	I	N	T	N
U	A	V	H	W	T	S	L	V	A	Z	G	E	T	J
D	U	P	R	P	B	E	E	Ö	Q	P	U	L	I	D
O	Q	D	M	P	C	V	G	G	H	F	N	L	G	Z
R	I	S	I	K	E	N	I	O	E	N	G	X	S	F
P	Z	N	J	C	P	I	W	B	M	A	E	W	F	N

GESCHÄFT
KREATIV
BESCHÄFTIGUNG
GLOBAL
INDUSTRIE
INNOVATIV
INVESTITION
MÖGLICHKEIT
PRODUKT
PROFESSIONELL
FORTSCHRITT
QUALITÄT
RESSOURCEN
EINNAHMEN
RUF
RISIKEN
LÖHNE
EINHEITEN

57 - Gouvernement

G	E	R	E	C	H	T	I	G	K	E	I	T	J	D
F	J	Y	G	N	U	S	S	A	F	R	E	V	U	E
F	R	V	N	P	A	P	O	L	I	T	I	K	S	M
K	R	L	U	L	N	T	S	W	X	R	M	G	T	O
D	P	E	Z	Y	K	S	I	J	P	E	Y	L	I	K
E	K	R	I	Z	E	B	A	O	W	D	L	E	Z	R
N	E	V	E	H	V	H	Z	S	N	E	P	I	I	A
K	K	H	C	C	E	U	G	X	P	A	H	C	E	T
M	M	B	Y	G	H	I	Z	E	F	E	L	H	L	I
A	S	T	A	A	T	T	T	J	Ü	X	I	H	L	E
L	N	A	T	I	O	N	E	Y	H	V	V	E	F	E
S	Y	M	B	O	L	B	S	A	R	L	I	I	Q	R
E	W	J	F	G	Y	V	E	H	E	N	Z	T	D	M
A	D	K	A	W	Q	U	G	R	R	Q	S	P	T	U
D	I	S	K	U	S	S	I	O	N	P	C	O	O	C

ZIVIL
VERFASSUNG
DEMOKRATIE
REDE
DISKUSSION
BEZIRK
RECHTE
GLEICHHEIT
STAAT
JUSTIZIELL
GERECHTIGKEIT
FÜHRER
FREIHEIT
GESETZ
DENKMAL
NATION
NATIONAL
POLITIK
SYMBOL

58 - Randonnée

W	M	W	X	X	M	Z	S	K	R	A	P	O	L	V
P	E	P	P	I	L	K	C	W	E	V	O	R	S	O
E	N	T	R	U	K	A	H	T	S	Q	R	I	T	R
O	N	E	T	A	K	P	W	P	S	K	D	E	E	B
W	O	K	T	E	Z	N	E	G	A	E	B	N	I	E
K	S	H	H	D	R	C	R	O	W	O	L	T	N	R
V	L	G	S	Ü	E	A	K	A	R	T	E	I	E	E
N	E	I	Y	M	R	M	U	C	W	L	F	E	A	I
I	F	W	M	X	H	P	C	L	D	M	E	R	D	T
U	P	U	C	A	Ü	I	H	J	C	S	I	U	W	U
C	I	K	K	J	F	N	Z	G	L	E	T	N	P	N
I	G	B	H	I	D	G	R	E	B	K	S	G	N	G
N	A	T	U	R	I	D	X	N	O	I	J	D	O	Y
W	I	L	D	K	X	N	R	L	Z	H	V	Z	I	H
W	S	B	V	E	X	Z	T	I	E	R	E	X	L	L

TIERE
STIEFEL
CAMPING
KARTE
KLIMA
WASSER
KLIPPE
MÜDE
FÜHRER
SCHWER
WETTER
BERG
NATUR
ORIENTIERUNG
PARKS
STEINE
VORBEREITUNG
WILD
SONNE
GIPFEL

59 - Nutrition

F	K	C	A	M	H	C	S	E	G	S	F	F	Q	N
L	Q	G	G	I	V	K	N	K	H	E	G	H	Z	O
Ü	A	E	F	E	V	V	B	F	O	G	S	I	Y	Q
S	U	W	S	N	W	E	T	C	Z	I	R	U	Y	B
S	S	Ü	G	K	N	I	R	E	T	T	I	B	N	N
I	G	R	T	A	R	T	C	D	H	P	T	Ä	I	D
G	E	Z	O	L	Q	Q	P	H	A	Q	F	G	D	A
K	W	E	X	O	M	B	O	A	T	U	P	B	D	P
E	O	M	I	R	A	B	S	S	E	W	U	Y	A	P
I	G	H	N	I	S	S	O	S	S	E	A	N	Y	E
T	E	T	I	E	H	D	N	U	S	E	G	H	G	T
E	N	C	U	N	Q	U	A	L	I	T	Ä	T	D	I
N	O	I	T	A	T	N	E	M	R	E	F	L	N	T
K	O	H	L	E	N	H	Y	D	R	A	T	E	K	C
P	R	O	T	E	I	N	E	V	I	T	A	M	I	N

BITTER
APPETIT
KALORIEN
ESSBAR
DIÄT
VERDAUUNG
GEWÜRZE
AUSGEWOGEN
FERMENTATION
KOHLENHYDRATE

FLÜSSIGKEITEN
GEWICHT
PROTEINE
QUALITÄT
GESUND
GESUNDHEIT
SOSSE
GESCHMACK
TOXIN
VITAMIN

60 - Créativité

F	C	J	C	L	L	X	M	N	O	T	A	C	H	F
Ä	A	C	P	U	V	V	H	O	H	U	U	F	L	A
H	V	M	D	A	W	G	I	I	C	B	S	M	L	B
I	K	L	A	R	H	E	I	T	S	H	D	G	W	D
G	I	C	L	K	G	H	P	I	I	C	R	L	B	I
K	N	P	U	I	J	A	F	U	R	S	U	J	I	V
E	S	H	M	R	U	L	X	T	E	I	C	D	S	B
I	P	A	J	A	D	N	J	N	L	T	K	F	R	V
T	I	N	Q	E	Z	N	O	I	T	A	S	N	E	S
N	R	T	M	J	O	A	I	X	S	M	S	I	L	P
Y	A	A	L	W	F	T	K	E	N	A	Z	H	H	I
Y	T	S	V	X	C	N	D	H	Ü	R	K	D	Ü	Y
H	I	I	M	C	R	O	V	I	K	D	J	D	F	D
O	O	E	B	A	N	P	I	D	E	E	N	M	E	S
R	N	E	N	O	I	S	I	V	M	Q	V	X	G	Q

KÜNSTLERISCH
KLARHEIT
FÄHIGKEIT
DRAMATISCH
AUSDRUCK
IDEEN
BILD
PHANTASIE
EINDRUCK
INSPIRATION
INTUITION
SENSATION
GEFÜHLE
SPONTAN
VISIONEN

61 - Science Fiction

O	C	I	M	O	T	A	X	I	U	I	G	F	G	O
E	O	V	P	R	N	L	V	L	T	M	A	U	E	O
X	I	N	C	A	C	H	U	L	O	A	L	T	H	E
T	K	O	P	K	R	C	L	U	P	G	A	U	E	W
R	L	I	R	E	U	E	F	S	I	I	X	R	I	E
E	K	S	N	L	P	W	T	I	E	N	I	I	M	Y
M	M	O	V	O	J	L	N	O	Y	Ä	E	S	N	B
J	D	L	S	K	I	T	A	N	B	R	O	T	I	Ü
T	P	P	W	H	X	S	Y	N	D	O	P	I	S	C
B	J	X	L	E	W	E	L	T	E	M	R	S	V	H
K	J	E	I	L	K	F	W	L	X	T	I	C	O	E
F	A	N	T	A	S	T	I	S	C	H	O	H	L	R
C	M	H	S	Z	E	N	A	R	I	O	Z	U	L	V
T	E	C	H	N	O	L	O	G	I	E	L	O	X	C
X	B	R	E	A	L	I	S	T	I	S	C	H	K	S

ATOMIC
KINO
EXPLOSION
EXTREM
FANTASTISCH
FEUER
FUTURISTISCH
GALAXIE
ILLUSION
IMAGINÄR
BÜCHER
WELT
GEHEIMNISVOLL
ORAKEL
PLANET
REALISTISCH
ROBOTER
SZENARIO
TECHNOLOGIE
UTOPIE

62 - Professions #1

A	S	T	R	O	N	O	M	J	K	K	K	Q	R	F
B	O	T	S	C	H	A	F	T	E	R	A	M	E	E
J	U	W	E	L	I	E	R	S	G	E	R	U	C	U
K	K	U	T	Q	R	M	E	I	O	T	T	S	H	E
Z	L	R	E	G	Ä	J	Z	N	L	L	O	I	T	R
F	K	E	Y	O	W	G	N	A	O	A	G	K	S	W
L	K	L	M	B	H	N	Ä	I	E	H	R	E	A	E
R	M	T	S	P	E	X	T	P	G	H	A	R	N	H
V	Z	S	T	D	N	D	K	J	L	C	P	E	W	R
W	G	N	I	T	Z	E	I	C	N	U	H	I	A	M
V	A	Ü	E	H	I	H	R	T	G	B	J	K	L	A
Y	R	K	K	J	X	C	O	R	O	G	R	N	T	N
L	Z	B	T	R	A	I	N	E	R	R	N	A	V	N
E	T	Z	R	A	R	E	I	T	D	X	W	B	V	U
N	N	L	P	S	Y	C	H	O	L	O	G	E	G	S

BOTSCHAFTER
KÜNSTLER
ASTRONOM
RECHTSANWALT
BANKIER
JUWELIER
KARTOGRAPH
JÄGER
BUCHHALTER
TÄNZER
TRAINER
EDITOR
GEOLOGE
ARZT
MUSIKER
PIANIST
KLEMPNER
FEUERWEHRMANN
PSYCHOLOGE
TIERARZT

63 - Géologie

G	G	P	M	T	H	C	I	H	C	S	F	J	M	K
E	E	L	D	I	V	N	E	Q	F	X	K	D	M	O
S	Y	A	Q	T	N	M	N	E	R	U	Ä	S	L	N
C	S	T	I	K	I	E	Z	L	A	S	E	F	Y	T
H	I	E	G	A	E	N	R	L	Z	C	T	O	X	I
M	R	A	T	L	T	O	M	A	V	A	L	S	K	N
O	G	U	A	A	S	Z	H	R	L	G	T	S	R	E
L	H	K	F	T	Z	I	Z	O	N	I	G	I	I	N
Z	Z	Ö	A	S	K	X	S	K	D	H	E	L	S	T
E	P	D	H	L	E	R	O	S	I	O	N	N	T	O
N	W	T	X	L	Z	R	A	U	Q	I	A	P	A	A
F	R	R	S	I	E	I	J	T	K	K	K	Y	L	V
O	Y	F	J	J	J	A	U	V	W	G	L	A	L	D
D	L	J	V	U	O	M	T	M	L	T	U	T	E	A
Y	H	B	C	L	N	A	F	H	O	I	V	N	J	H

SÄURE
KALZIUM
HÖHLE
KONTINENT
KORALLE
SCHICHT
KRISTALLE
EROSION
GESCHMOLZEN
FOSSIL
GEYSIR
LAVA
MINERALIEN
STEIN
PLATEAU
QUARZ
SALZ
STALAKTIT
VULKAN
ZONE

64 - Jardin

F	K	G	B	U	E	D	I	S	A	R	G	T	O	L
Y	V	Y	A	O	X	J	O	C	N	E	G	E	B	J
J	Y	M	J	R	D	Z	U	H	J	D	I	I	S	O
R	A	L	N	A	A	E	R	A	E	B	I	C	T	P
P	E	S	M	J	K	G	N	U	S	L	N	H	G	Z
P	A	C	M	E	I	J	E	F	J	U	F	C	A	N
W	W	N	H	R	E	B	S	E	W	M	U	U	R	S
L	G	F	X	E	Z	G	S	L	G	E	A	A	T	I
R	A	S	E	N	N	U	A	Z	W	L	Q	L	E	X
B	U	S	C	H	U	O	R	A	P	J	E	H	N	H
B	A	U	M	G	V	W	R	E	H	W	D	C	B	J
U	N	K	R	A	U	T	E	F	J	O	M	S	Z	T
Y	L	N	Z	U	E	T	T	A	M	E	G	N	Ä	H
T	R	A	M	P	O	L	I	N	E	T	R	A	G	F
T	I	B	D	V	E	R	A	N	D	A	K	P	G	F

BAUM
BANK
BUSCH
ZAUN
TEICH
BLUME
GARAGE
HÄNGEMATTE
GRAS
GARTEN
UNKRAUT
SCHAUFEL
RASEN
VERANDA
RECHEN
BODEN
TERRASSE
TRAMPOLIN
SCHLAUCH
OBSTGARTEN

65 - Santé et Bien Être #1

K	K	P	K	G	N	U	Z	T	E	L	R	E	V	M
N	L	V	X	X	E	L	F	E	R	P	U	I	K	Q
M	P	I	D	R	O	W	G	D	Z	I	T	P	N	Z
G	X	T	N	M	O	I	O	Q	P	D	K	A	O	N
T	X	K	O	I	X	P	H	H	U	B	A	R	C	D
Q	K	A	M	V	K	U	Y	A	N	X	R	E	H	Z
H	M	E	D	I	Z	I	N	B	Y	H	F	H	E	M
B	U	M	U	S	K	E	L	C	H	J	E	T	N	P
E	I	N	E	I	R	E	T	K	A	B	O	I	V	K
Y	U	L	G	N	U	L	D	N	A	H	E	B	T	C
T	W	Z	Z	E	H	O	R	M	O	N	E	B	Z	Y
T	L	A	Z	H	R	V	I	R	U	S	T	V	R	V
U	P	P	O	Ö	C	U	R	B	K	P	H	F	A	K
A	P	O	T	H	E	K	E	H	A	L	T	U	N	G
H	A	C	E	P	O	X	T	H	U	G	J	M	O	Q

AKTIV
BAKTERIEN
VERLETZUNG
KLINIK
HUNGER
FRAKTUR
GEWOHNHEIT
HÖHE
HORMONE
ARZT
MEDIZIN
MUSKEL
KNOCHEN
HAUT
APOTHEKE
HALTUNG
REFLEX
THERAPIE
BEHANDLUNG
VIRUS

66 - Barbecues

R	W	N	S	J	K	S	F	A	M	I	L	I	E	U
T	Z	C	V	M	I	I	P	W	Y	O	Z	H	J	O
V	L	K	E	H	S	J	N	I	G	L	E	A	S	G
H	V	J	C	I	U	R	E	D	E	S	S	O	S	C
H	T	G	U	M	M	D	S	H	E	L	L	Q	I	E
H	U	N	G	E	R	Q	S	F	V	R	E	K	E	F
Z	L	A	S	Q	R	R	E	F	F	E	F	P	H	R
L	W	H	U	H	N	Q	D	S	A	L	A	T	E	U
G	K	I	K	O	P	P	N	I	T	K	L	A	Z	C
L	B	K	E	S	Ü	M	E	G	C	A	W	I	L	H
N	N	B	I	B	J	Y	B	M	E	S	S	E	R	T
U	U	J	N	H	E	D	A	S	O	M	M	E	R	P
C	W	E	I	V	J	L	L	I	R	G	T	R	V	H
T	O	M	A	T	E	N	N	T	L	L	F	V	J	Q
M	I	T	T	A	G	E	S	S	E	N	K	M	N	A

HEISS
MESSER
MITTAGESSEN
ABENDESSEN
KINDER
SOMMER
HUNGER
FAMILIE
FRUCHT
GRILL
SPIELE
GEMÜSE
MUSIK
ZWIEBELN
PFEFFER
HUHN
SALATE
SOSSE
SALZ
TOMATEN

67 - Ferme #1

J	R	H	T	S	Z	B	V	P	L	T	T	C	O	W
D	F	E	T	C	C	M	P	F	U	B	U	I	E	C
Y	J	E	W	H	F	E	D	E	B	I	E	N	E	W
A	G	X	U	W	R	G	Q	R	K	A	T	Z	E	U
E	B	L	X	E	L	A	D	D	L	E	F	T	Y	R
E	R	J	K	I	F	O	S	N	V	F	N	I	G	M
W	J	A	D	N	O	L	R	U	W	X	N	A	N	J
H	U	K	U	O	H	Y	T	H	N	B	B	L	A	K
L	E	S	E	H	Ä	R	K	G	A	M	I	X	Y	R
R	H	R	G	Q	G	Z	A	U	N	P	S	O	S	E
E	E	K	D	O	B	I	T	L	P	C	O	L	R	D
S	O	I	I	E	D	Ü	N	G	E	R	N	B	D	K
S	Y	I	S	O	X	C	J	O	L	F	W	L	T	W
A	Z	I	E	G	E	A	C	O	H	E	G	H	U	M
W	P	B	Z	H	U	H	N	I	S	X	W	N	S	R

BIENE
ESEL
BISON
FELD
KATZE
PFERD
ZIEGE
HUND
ZAUN
SCHWEIN

KRÄHE
WASSER
DÜNGER
HEU
HONIG
HUHN
REIS
HERDE
KUH
KALB

68 - Café

K	R	T	Z	F	D	H	X	S	M	A	P	R	M	V
G	O	H	A	G	Z	N	H	C	A	R	E	U	A	S
E	K	F	U	S	I	G	Q	H	M	O	V	S	H	R
R	C	W	F	R	S	J	E	W	A	M	A	Q	L	F
Ö	R	W	G	E	S	E	Y	A	E	A	W	Q	E	Y
S	E	A	W	K	I	P	X	R	C	K	F	H	N	R
T	M	S	N	C	E	N	R	Z	M	O	R	G	E	N
E	E	S	F	U	R	C	F	U	Z	Z	F	Y	V	X
T	A	E	G	Z	P	C	I	P	N	B	Z	Q	I	J
E	C	R	M	O	H	C	L	I	M	G	N	P	E	Z
Q	U	H	K	P	M	I	T	X	Z	R	I	I	L	F
K	C	A	M	H	C	S	E	G	S	K	S	V	F	A
Q	N	L	C	E	C	L	R	E	T	T	I	B	A	W
K	G	E	T	R	Ä	N	K	B	F	S	V	V	L	K
F	L	Ü	S	S	I	G	K	E	I	T	E	M	T	J

SAUER
BITTER
AROMA
GETRÄNK
KOFFEIN
CREME
WASSER
FILTER
MILCH
FLÜSSIGKEIT
MORGEN
MAHLEN
SCHWARZ
URSPRUNG
PREIS
GERÖSTET
GESCHMACK
ZUCKER
TASSE
VIELFALT

69 - Antarctique

W	F	J	I	Y	N	P	M	E	W	M	K	B	R	I
M	A	E	M	E	Y	W	I	H	T	X	I	N	F	R
I	G	S	L	O	M	A	G	U	O	D	C	M	O	U
N	L	N	S	S	Y	L	R	E	H	C	S	R	O	F
E	E	S	A	E	I	E	A	E	I	S	E	T	O	S
R	T	S	G	Y	R	G	T	H	C	U	B	J	H	E
A	S	F	Z	Q	E	C	I	E	T	E	M	Z	G	X
L	C	J	G	S	H	W	O	B	W	L	Q	L	N	P
I	H	V	V	T	N	E	N	I	T	N	O	K	U	E
E	E	V	S	E	O	L	L	U	M	W	E	L	T	D
N	R	M	R	I	N	S	E	L	N	Q	Y	S	L	I
W	O	L	K	E	N	J	Z	C	E	O	M	Q	A	T
H	A	L	B	I	N	S	E	L	B	G	Z	V	H	I
G	E	O	G	R	A	P	H	I	E	K	Ö	O	R	O
T	E	M	P	E	R	A	T	U	R	J	H	V	E	N

BUCHT
WALE
FORSCHER
ERHALTUNG
KONTINENT
WASSER
UMWELT
EXPEDITION
GEOGRAPHIE
EIS
GLETSCHER
INSELN
MIGRATION
MINERALIEN
WOLKEN
VÖGEL
HALBINSEL
FELSIG
TEMPERATUR

70 - Professions #2

B	A	G	G	J	L	I	N	G	U	I	S	T	F	D
I	S	I	Ä	D	O	B	E	W	V	R	J	O	A	R
B	T	I	R	M	E	U	O	M	W	M	Y	L	R	R
L	R	N	T	K	A	T	R	Y	I	P	M	I	G	H
I	O	R	N	G	B	L	E	N	P	E	G	P	O	Z
O	N	O	E	H	Y	Q	E	K	A	A	R	Z	T	A
T	A	T	R	W	Y	J	V	R	T	L	S	W	O	H
H	U	A	U	L	E	H	R	E	R	I	I	U	F	N
E	T	R	E	H	C	S	R	O	F	Z	V	S	W	A
K	B	T	I	E	R	F	I	N	D	E	R	P	T	R
A	V	S	N	W	C	H	I	R	U	R	G	Q	J	Z
R	L	U	E	G	O	L	O	O	Z	D	V	J	C	T
U	T	L	G	P	H	I	L	O	S	O	P	H	K	T
R	E	L	N	Z	S	E	W	I	V	L	V	B	N	X
K	N	I	I	W	W	B	I	O	L	O	G	E	S	V

ASTRONAUT
BIBLIOTHEKAR
BIOLOGE
FORSCHER
CHIRURG
ZAHNARZT
DETEKTIV
LEHRER
ILLUSTRATOR
INGENIEUR
ERFINDER
GÄRTNER
JOURNALIST
LINGUIST
ARZT
MALER
PHILOSOPH
FOTOGRAF
PILOT
ZOOLOGE

71 - Les Abeilles

C	N	E	I	M	U	A	R	S	N	E	B	E	L	V
A	E	O	D	N	N	B	B	H	I	S	O	N	H	O
F	L	Q	R	E	S	Y	R	C	G	S	B	N	I	R
B	L	Ü	T	E	V	E	O	A	I	E	S	O	F	T
H	O	N	I	G	Y	T	K	W	N	N	T	S	K	E
S	P	K	S	M	O	X	N	T	Ö	V	Y	O	Y	I
R	C	D	X	Z	L	H	E	O	K	X	B	P	C	L
A	M	H	R	C	C	W	N	S	V	P	G	Q	W	H
U	V	N	W	T	G	Y	E	X	F	R	J	F	N	A
C	D	N	A	A	B	O	I	L	C	R	R	H	D	F
H	T	H	F	J	R	U	B	F	E	O	U	X	W	T
G	A	R	T	E	N	M	X	U	O	C	O	C	L	N
Ö	K	O	S	Y	S	T	E	M	V	D	U	E	H	Q
P	F	L	A	N	Z	E	N	F	L	Ü	G	E	L	T
B	L	U	M	E	N	V	I	E	L	F	A	L	T	Z

FLÜGEL
VORTEILHAFT
WACHS
VIELFALT
SCHWARM
ÖKOSYSTEM
BLÜTE
BLUMEN
FRUCHT
RAUCH
LEBENSRAUM
INSEKT
GARTEN
HONIG
ESSEN
PFLANZEN
POLLEN
KÖNIGIN
BIENENKORB
SONNE

72 - Santé et Bien Être #2

X	E	W	Y	E	I	R	O	L	A	K	G	R	Y	U
C	M	E	I	G	R	E	L	L	A	Y	E	E	V	M
P	T	I	E	H	K	N	A	R	K	J	S	C	J	A
H	Y	G	I	E	N	E	Ä	S	D	M	U	O	G	S
K	G	E	N	E	T	I	K	H	U	U	N	V	F	S
X	R	N	K	T	H	G	U	M	R	I	D	E	A	A
K	I	A	D	N	C	R	C	T	Q	U	P	R	N	G
X	Ö	X	N	H	I	E	R	I	A	E	N	Y	A	E
S	L	R	I	K	W	N	W	T	H	P	I	G	T	S
I	E	R	P	N	E	E	K	E	S	V	M	D	O	T
U	F	L	Z	E	G	N	S	P	G	D	A	E	M	R
T	L	S	Q	N	R	O	H	P	Y	W	T	A	I	E
B	L	U	T	W	N	V	Q	A	N	B	I	U	E	S
I	N	F	E	K	T	I	O	N	U	G	V	J	R	S
B	G	N	U	N	K	C	O	R	T	S	U	A	S	B

ALLERGIE
ANATOMIE
APPETIT
KALORIE
KÖRPER
AUSTROCKNUNG
ENERGIE
GENETIK
KRANKENHAUS
HYGIENE
INFEKTION
KRANKHEIT
MASSAGE
ERNÄHRUNG
GEWICHT
RECOVERY
GESUND
BLUT
STRESS
VITAMIN

73 - Conduite

S	T	L	A	I	B	Z	U	S	T	R	A	S	S	E
U	I	R	Z	I	H	W	N	A	D	D	L	Q	H	L
B	L	C	A	X	R	A	F	S	A	U	T	O	G	G
U	R	Q	H	N	C	D	A	R	R	O	T	O	M	I
B	B	R	B	E	S	J	L	E	N	N	U	T	X	B
Y	O	N	O	T	R	P	L	D	O	B	U	H	U	R
L	T	Q	C	R	E	H	O	G	A	G	I	I	Q	E
I	C	S	G	O	G	B	E	R	H	A	F	E	G	N
Z	P	Z	A	C	N	A	R	I	T	F	Y	W	O	N
E	Y	F	R	H	Ä	K	H	E	T	R	A	K	I	S
N	C	K	A	B	G	B	E	Z	M	O	F	L	W	T
Z	D	A	G	Z	S	A	K	I	A	S	H	Z	B	O
I	S	D	E	Y	S	W	R	L	F	J	E	C	H	F
O	O	X	S	V	U	H	E	O	C	P	V	N	N	F
M	O	T	O	R	F	V	V	P	Q	G	A	S	L	G

UNFALL
BUS
LKW
BRENNSTOFF
KARTE
GEFAHR
BREMSEN
GARAGE
GAS
LIZENZ
MOTOR
MOTORRAD
FUSSGÄNGER
POLIZEI
STRASSE
SICHERHEIT
VERKEHR
TRANSPORT
TUNNEL
AUTO

74 - Plantes

B	A	M	B	U	S	O	G	L	X	S	Y	V	L	A
I	V	E	G	E	T	A	T	I	O	N	N	K	O	C
B	A	U	M	I	D	B	T	C	O	D	H	B	G	E
R	L	C	J	B	W	A	C	H	S	E	N	G	A	F
Q	W	T	T	A	L	B	N	E	T	Ü	L	B	R	E
K	A	K	T	U	S	U	P	W	R	Z	F	N	T	U
T	F	Q	O	K	Q	Y	M	R	S	T	U	F	E	K
F	I	Q	G	I	T	X	F	E	R	E	E	B	N	R
F	F	U	T	N	N	E	L	G	N	I	J	L	M	F
M	O	O	S	A	R	G	O	N	W	H	C	S	U	B
U	L	I	N	T	B	S	R	Ü	Y	A	O	I	D	O
B	K	D	F	O	H	V	A	D	Y	C	L	B	A	G
C	J	Q	O	B	A	W	L	A	U	B	A	D	O	L
Z	V	Z	G	C	A	N	W	U	R	Z	E	L	X	O
G	G	E	Y	C	Y	T	J	X	C	H	M	V	U	L

BAUM
BEERE
BAMBUS
BOTANIK
BUSCH
KAKTUS
DÜNGER
LAUB
BLUME
FLORA
WALD
WACHSEN
BOHNE
GRAS
GARTEN
EFEU
MOOS
BLÜTENBLATT
WURZEL
VEGETATION

75 - Ferme #2

P	L	U	J	S	B	G	B	L	G	Z	N	U	S	P
H	A	N	J	B	F	N	P	Z	R	U	E	O	K	W
T	S	W	J	V	G	T	J	S	N	M	Z	N	T	Y
C	Z	B	C	P	Q	I	P	X	H	U	I	I	T	U
D	Q	I	K	C	O	T	S	N	E	N	E	I	B	E
E	S	Ü	M	E	G	R	E	U	A	B	W	I	C	S
S	T	S	W	S	H	A	S	C	H	E	U	N	E	E
S	X	C	S	L	Z	K	M	M	A	L	P	V	J	I
E	Z	H	Q	L	H	T	X	A	T	F	M	S	M	W
N	N	A	L	Y	E	O	C	Q	L	I	H	A	D	U
S	T	F	D	O	I	R	E	F	Ä	H	C	S	I	I
B	E	W	Ä	S	S	E	R	U	N	G	L	G	N	S
O	R	I	F	R	U	C	H	T	S	F	I	D	Y	E
G	E	R	S	T	E	T	I	E	R	E	M	O	H	A
O	B	S	T	G	A	R	T	E	N	E	H	U	I	R

LAMM
BAUER
TIERE
SCHÄFER
WEIZEN
ENTE
FRUCHT
SCHEUNE
BEWÄSSERUNG
MILCH
LAMA
GEMÜSE
MAIS
SCHAF
ESSEN
GERSTE
WIESE
BIENENSTOCK
TRAKTOR
OBSTGARTEN

76 - Vacances #2

S	S	A	P	J	K	I	S	F	B	B	T	Z	W	Z
T	U	U	H	S	U	L	C	O	B	K	T	Y	U	E
R	H	Y	H	D	Z	R	K	T	Z	A	L	T	W	L
A	E	O	K	I	T	Y	Q	O	R	R	O	Q	V	T
N	F	E	T	R	K	J	A	S	V	T	B	O	I	Q
D	V	B	M	E	I	N	S	E	L	E	U	O	S	O
U	Q	L	I	G	L	W	V	D	Z	Z	O	P	U	A
T	R	A	N	S	P	O	R	T	I	X	A	T	M	L
E	L	H	U	G	U	Z	T	D	E	R	E	I	S	E
A	U	S	L	Ä	N	D	E	R	L	J	C	E	O	I
U	R	L	A	U	B	I	F	R	E	I	Z	E	I	T
H	O	U	Q	T	C	B	P	O	M	O	L	I	Z	J
I	W	B	I	T	L	O	A	M	U	G	Y	P	U	D
F	H	P	V	E	Z	N	E	F	A	H	G	U	L	F
R	E	S	T	A	U	R	A	N	T	C	R	F	I	C

FLUGHAFEN
CAMPING
KARTE
ZIEL
AUSLÄNDER
HOTEL
INSEL
FREIZEIT
MEER
PASS
FOTOS
STRAND
RESTAURANT
TAXI
ZELT
ZUG
TRANSPORT
URLAUB
VISUM
REISE

77 - Temps

W	N	A	C	H	T	R	E	D	N	E	L	A	K	U
Y	O	E	Q	T	N	H	E	Z	R	H	A	J	K	H
N	P	C	V	Z	E	A	U	T	E	C	A	Q	D	R
I	F	Z	H	T	G	J	O	F	U	A	G	C	U	P
D	B	M	X	E	R	F	J	N	C	N	W	L	C	I
K	T	L	O	J	O	X	M	U	W	I	I	H	V	W
I	Z	S	F	H	M	O	J	K	K	R	X	M	H	A
M	X	V	O	R	I	V	T	U	V	R	T	E	K	M
G	I	X	Y	S	L	G	R	Z	M	U	K	Y	T	Y
E	S	T	R	E	D	N	U	H	R	H	A	J	J	M
S	G	A	T	A	V	D	X	O	D	C	Z	K	S	G
T	D	N	I	A	U	H	L	W	D	X	D	O	D	C
E	I	O	I	N	G	B	J	Ä	H	R	L	I	C	H
R	X	M	F	W	X	Q	R	N	F	V	A	N	Z	O
N	S	T	U	N	D	E	L	O	H	O	B	U	Y	A

JAHR
JÄHRLICH
NACH
VOR
BALD
KALENDER
JAHRZEHNT
ZUKUNFT
STUNDE
GESTERN

UHR
TAG
JETZT
MORGEN
MITTAG
MINUTE
MONAT
NACHT
WOCHE
JAHRHUNDERT

78 - Maison

S	H	Q	E	V	Q	Z	H	W	G	S	D	B	K	V
T	C	N	R	G	X	D	A	F	Z	P	U	K	F	J
V	I	H	M	U	V	A	Y	U	N	I	S	F	P	A
C	P	C	L	S	A	C	M	U	N	E	C	Q	Z	D
Y	P	W	U	Ü	M	H	H	E	Z	G	H	A	R	A
A	E	C	A	G	S	F	L	C	S	E	E	L	P	C
J	T	W	F	N	E	S	E	B	A	L	A	N	F	H
K	E	K	C	E	D	W	E	Z	I	M	M	E	R	B
F	H	Q	R	P	M	W	P	L	X	R	R	G	E	O
T	C	E	S	I	D	J	M	L	H	Y	I	A	T	D
Ü	Ü	R	Z	E	G	N	A	H	R	O	V	R	S	E
R	K	A	L	K	W	Z	L	F	I	Z	X	A	N	N
B	I	B	L	I	O	T	H	E	K	M	G	G	E	U
H	L	K	A	D	K	A	M	I	N	Q	S	Q	F	T
G	A	R	T	E	N	D	C	Y	V	I	X	P	N	T

BESEN
BIBLIOTHEK
ZIMMER
KAMIN
SCHLÜSSEL
ZAUN
KÜCHE
DUSCHE
FENSTER
GARAGE
DACHBODEN
GARTEN
LAMPE
SPIEGEL
WAND
DECKE
TÜR
VORHANG
TEPPICH
DACH

79 - Légumes

K	F	I	Y	P	E	K	R	U	G	A	P	I	V	B
S	N	L	M	T	T	E	N	I	G	R	E	B	U	A
R	S	O	Q	N	T	V	C	E	X	T	T	J	C	E
Y	P	K	B	N	O	I	Z	H	H	I	E	P	K	T
B	I	K	O	L	R	L	G	P	D	S	R	X	O	T
K	N	O	Z	E	A	O	U	M	O	C	S	E	V	O
Ü	A	R	Q	B	K	U	P	Y	R	H	I	E	L	L
R	T	B	I	E	S	I	C	G	U	O	L	W	J	A
B	R	J	C	I	A	E	X	H	V	C	I	F	C	H
I	E	Ü	H	W	L	C	G	C	S	K	E	E	G	C
S	R	O	B	Z	A	V	E	I	R	E	L	L	E	S
Y	B	U	W	E	T	Y	X	T	I	N	G	W	E	R
R	S	S	C	H	G	Y	M	T	P	I	L	Z	T	I
Y	E	T	A	M	O	T	Z	E	Y	S	E	X	D	T
R	Z	Z	N	W	Q	S	S	R	O	I	X	Z	V	L

KNOBLAUCH
ARTISCHOCKE
AUBERGINE
BROKKOLI
KAROTTE
SELLERIE
PILZ
KÜRBIS
GURKE
SCHALOTTE
SPINAT
INGWER
RÜBE
ZWIEBEL
OLIVE
PETERSILIE
ERBSE
RETTICH
SALAT
TOMATE

80 - Famille

N	R	Z	V	M	D	W	V	G	K	G	I	M	S	M
B	I	O	N	K	E	L	O	K	P	R	P	B	C	Ü
U	R	C	B	U	R	D	R	I	Z	O	I	E	H	T
L	E	U	H	T	D	H	F	N	W	S	T	C	W	T
Z	T	H	D	T	F	R	A	D	C	S	A	D	E	E
C	A	Y	G	E	E	M	H	H	N	V	N	V	S	R
Y	V	Z	L	H	R	Q	R	E	E	A	T	H	T	L
K	I	N	D	J	L	A	H	I	F	T	E	E	E	I
G	A	R	E	T	H	C	O	T	F	E	J	H	R	C
G	G	T	N	X	P	R	R	E	E	R	U	E	E	H
Y	O	H	C	I	L	R	E	T	Ä	V	Q	M	D	Z
E	H	E	F	R	A	U	T	T	M	W	K	A	N	L
L	S	Z	G	N	B	A	T	L	T	B	U	N	I	E
X	G	R	O	S	S	M	U	T	T	E	R	N	K	T
W	L	A	S	K	T	F	M	U	X	K	V	K	B	L

VORFAHR
VETTER
KINDHEIT
KIND
KINDER
EHEFRAU
TOCHTER
BRUDER
GROSSMUTTER
GROSSVATER
EHEMANN
MÜTTERLICH
MUTTER
NEFFE
NICHTE
ONKEL
VÄTERLICH
VATER
SCHWESTER
TANTE

81 - Oiseaux

J	Z	N	P	M	Ö	W	E	H	Ä	R	K	V	C	S
C	Z	L	I	A	Q	C	B	U	M	T	D	V	L	T
E	O	S	N	A	G	F	L	A	M	I	N	G	O	R
G	I	T	G	A	I	L	U	F	B	K	H	Y	M	A
T	C	O	U	D	W	P	L	P	R	Q	U	A	K	U
V	S	U	I	S	Z	H	A	J	K	L	H	M	D	S
V	H	C	N	O	T	U	C	A	D	L	E	R	S	S
K	R	A	U	T	A	O	Y	S	A	W	M	S	M	C
R	Y	N	I	P	P	C	R	P	E	L	I	K	A	N
E	N	T	E	A	S	F	W	C	E	W	J	C	M	K
H	L	L	L	P	H	N	U	P	H	X	U	U	G	E
I	H	R	I	A	C	H	E	L	Q	M	J	K	L	Z
E	B	X	Y	G	N	Z	Q	W	Y	D	G	C	U	O
R	Y	A	E	E	S	T	A	U	B	E	E	U	E	N
A	F	B	P	I	S	K	H	K	Q	V	F	K	Q	C

ADLER
STRAUSS
ENTE
STORCH
TAUBE
KRÄHE
KUCKUCK
SCHWAN
FLAMINGO
REIHER
PINGUIN
SPATZ
MÖWE
EI
GANS
PFAU
PAPAGEI
PELIKAN
HUHN
TOUCAN

82 - Disciplines Scientifiques

M	N	A	N	S	P	T	K	E	Y	T	M	Z	A	W
E	Q	S	E	O	H	H	D	L	E	V	F	O	D	Q
T	T	T	U	Z	Y	E	E	Z	I	P	R	O	K	L
E	B	R	R	I	S	R	I	L	G	E	E	L	I	A
O	H	O	O	O	I	M	G	Y	O	I	I	O	T	N
R	A	N	L	L	O	O	O	E	L	G	G	G	S	A
O	B	O	O	O	L	D	L	Q	O	O	O	I	I	T
L	O	M	G	G	O	Y	O	K	H	L	L	E	U	O
O	T	I	I	I	G	N	N	D	C	O	O	X	G	M
G	A	E	E	E	I	A	U	O	Y	K	I	G	N	I
I	N	Z	H	W	E	M	M	R	S	Ö	B	H	I	E
E	I	W	X	Y	A	I	M	J	P	W	P	I	L	E
C	K	Q	T	L	P	K	I	N	A	H	C	E	M	R
B	I	O	C	H	E	M	I	E	C	H	E	M	I	E
M	I	N	E	R	A	L	O	G	I	E	X	I	E	Y

ANATOMIE
ASTRONOMIE
BIOCHEMIE
BIOLOGIE
BOTANIK
CHEMIE
ÖKOLOGIE
GEOLOGIE
IMMUNOLOGIE
LINGUISTIK
MECHANIK
METEOROLOGIE
MINERALOGIE
NEUROLOGIE
PHYSIOLOGIE
PSYCHOLOGIE
SOZIOLOGIE
THERMODYNAMIK
ZOOLOGIE

83 - Maladie

G	E	S	U	N	D	H	E	I	T	A	I	W	N	W
A	K	U	J	U	J	C	H	T	U	B	M	N	E	G
Z	T	N	P	U	H	I	C	H	K	D	M	Z	U	Z
K	E	E	O	M	C	L	S	E	A	O	U	D	R	W
R	F	I	M	C	R	B	I	R	N	M	N	N	O	P
D	I	G	O	W	H	R	T	A	P	I	I	E	P	U
U	B	R	R	I	E	E	E	P	I	N	T	K	A	L
V	A	E	D	L	X	G	N	I	D	A	Ä	C	T	M
U	T	L	N	G	I	G	E	E	G	L	T	E	H	O
P	Z	L	Y	G	W	E	G	J	Y	A	C	T	I	N
I	K	A	S	S	E	N	L	L	E	W	C	S	E	A
V	M	Z	M	E	N	T	Z	Ü	N	D	U	N	G	L
C	H	R	O	N	I	S	C	H	E	F	H	A	N	C
O	C	E	M	I	L	K	Ö	R	P	E	R	T	O	H
S	C	H	W	A	C	H	E	G	X	K	G	I	L	K

ABDOMINAL
AKUT
ALLERGIEN
WELLNESS
CHRONISCH
ANSTECKEND
KÖRPER
HERZ
SCHWACH
GENETISCH
ERBLICH
IMMUNITÄT
ENTZÜNDUNG
NEUROPATHIE
KNOCHEN
PULMONAL
ATEMWEGE
GESUNDHEIT
SYNDROM
THERAPIE

84 - Émotions

Z	Ä	R	T	L	I	C	H	K	E	I	T	Z	B	Z
T	R	A	U	R	I	G	K	E	I	T	Q	U	B	K
Z	M	F	E	N	T	S	P	A	N	N	T	F	W	Q
Q	F	R	A	B	K	N	A	D	S	F	L	R	F	L
Q	K	E	H	U	R	E	L	I	E	F	A	I	R	A
R	N	U	C	B	R	U	H	I	G	L	H	E	I	N
L	G	D	I	W	C	B	D	S	T	R	N	D	E	G
T	G	E	R	E	G	F	U	A	I	N	I	E	D	E
X	M	D	D	G	K	F	I	B	Q	B	X	N	E	W
S	Y	M	P	A	T	H	I	E	K	C	K	F	N	E
L	F	X	I	A	A	B	E	S	C	H	Ä	M	T	I
T	I	Ü	B	E	R	R	A	S	C	H	E	N	S	L
E	N	E	H	S	W	Q	N	W	V	O	J	O	G	E
D	U	P	B	G	I	P	N	S	W	L	U	M	N	D
A	W	J	B	E	C	G	I	N	J	J	G	K	A	D

LIEBE
RUHIG
WUT
INHALT
ENTSPANNT
BESCHÄMT
LANGEWEILE
AUFGEREGT
FREUDE
FRIEDEN
ANGST
DANKBAR
RELIEF
ZUFRIEDEN
ÜBERRASCHEN
SYMPATHIE
ZÄRTLICHKEIT
RUHE
TRAURIGKEIT

85 - Univers

K	T	L	Ä	N	G	E	N	G	R	A	D	T	F	D
T	I	M	S	E	C	W	J	Y	R	G	N	E	H	U
N	E	R	O	T	A	U	Q	Ä	R	L	O	L	U	N
V	R	V	N	E	I	X	A	L	A	G	M	E	J	K
E	K	T	N	M	G	Y	S	Q	V	D	Z	S	W	E
R	R	A	E	Y	O	T	T	D	K	C	J	K	K	L
Ä	E	S	N	J	N	N	R	I	R	K	Y	O	O	H
H	I	V	W	C	H	O	O	O	A	C	O	P	S	E
P	S	E	E	V	I	Z	N	R	B	W	E	B	M	I
S	Y	R	N	F	M	I	O	E	T	Q	H	R	I	T
O	O	C	D	L	M	R	M	T	H	S	I	E	S	J
M	J	L	E	I	E	O	I	S	C	X	A	I	C	X
T	O	A	A	R	L	H	E	A	I	W	X	T	H	F
A	T	I	B	R	O	P	L	A	S	O	V	E	R	S
H	E	M	I	S	P	H	Ä	R	E	Q	Q	S	U	Y

ASTEROID
ASTRONOM
ASTRONOMIE
ATMOSPHÄRE
HIMMEL
KOSMISCH
ÄQUATOR
GALAXIE
HEMISPHÄRE
HORIZONT
BREITE
LÄNGENGRAD
MOND
DUNKELHEIT
ORBIT
SOLAR
SONNENWENDE
TELESKOP
SICHTBAR
TIERKREIS

86 - Géographie

T	F	Y	D	I	C	E	F	W	L	R	L	A	Z	X
B	D	V	G	I	T	K	Y	I	I	E	A	B	S	A
B	E	R	G	T	P	Q	Y	N	Q	G	N	H	F	H
I	L	T	E	I	B	E	G	S	X	I	D	K	U	O
I	F	S	I	H	M	N	A	E	Z	O	V	R	G	V
K	D	E	U	E	Ö	K	J	L	N	N	E	D	Ü	S
T	O	W	B	T	R	H	S	T	A	D	T	Z	Q	T
N	D	N	K	X	E	B	E	Y	B	F	V	N	D	B
M	B	E	T	R	A	K	T	W	A	T	L	A	S	U
Y	C	D	L	I	H	Y	P	P	F	Z	D	I	S	Y
I	S	R	E	U	N	K	M	E	E	R	U	D	U	D
U	J	O	W	D	X	E	E	M	E	N	Z	I	L	U
V	E	N	X	G	P	D	N	U	R	F	X	R	F	W
A	J	K	J	H	V	R	B	T	V	P	I	E	I	T
H	E	M	I	S	P	H	Ä	R	E	H	Q	M	G	F

HÖHE
ATLAS
KARTE
KONTINENT
FLUSS
HEMISPHÄRE
INSEL
BREITE
MEER
MERIDIAN
WELT
BERG
NORDEN
OZEAN
WEST
LAND
REGION
SÜDEN
GEBIET
STADT

87 - Danse

S	P	R	I	N	G	E	N	O	I	T	O	M	E	U
O	K	L	A	S	S	I	S	C	H	D	T	M	W	Q
P	A	R	T	N	E	R	V	I	S	U	E	L	L	E
B	L	L	E	N	O	I	T	I	D	A	R	T	A	I
Z	H	Y	R	P	G	G	N	U	G	E	W	E	B	M
X	S	D	P	X	R	X	P	X	I	J	X	O	C	E
P	E	B	A	M	T	Ö	D	T	D	Z	H	T	R	D
K	R	L	L	O	V	S	K	C	U	R	D	S	U	A
U	K	O	A	C	S	F	I	K	E	M	Y	F	S	K
L	G	Q	B	K	W	L	S	P	R	X	N	X	D	A
T	S	H	D	E	B	L	U	A	F	P	V	A	B	W
U	P	Q	L	B	M	Z	M	H	A	L	T	U	N	G
R	L	D	K	M	A	K	U	N	S	T	M	Q	Y	M
C	H	O	R	E	O	G	R	A	P	H	I	E	V	C
G	K	U	L	T	U	R	E	L	L	A	E	Q	C	J

AKADEMIE
KUNST
CHOREOGRAPHIE
KLASSISCH
KÖRPER
KULTUR
KULTURELL
AUSDRUCKSVOLL
EMOTION
ANMUT
FREUDIG
BEWEGUNG
MUSIK
PARTNER
HALTUNG
PROBE
SPRINGEN
TRADITIONELL
VISUELL

88 - Bâtiments

T	K	R	A	M	R	E	P	U	S	U	O	F	E	F
S	U	A	H	N	E	K	N	A	R	K	C	Q	M	P
K	I	R	B	A	F	J	Z	S	Q	K	K	Z	Q	M
P	A	O	M	T	Ä	T	I	S	R	E	V	I	N	U
O	B	S	E	R	V	A	T	O	R	I	U	M	N	Z
I	W	M	I	F	S	A	K	L	R	E	B	U	G	O
H	O	T	E	L	T	P	A	H	E	N	O	E	A	S
W	S	Y	L	Y	A	A	B	C	T	Z	T	S	R	C
C	D	W	U	Z	D	R	I	S	A	Z	S	U	A	H
B	N	V	H	R	I	T	N	U	E	A	C	M	G	E
Y	I	Q	C	O	O	M	E	R	H	Z	H	F	E	U
I	W	M	S	Z	N	E	A	O	T	J	A	P	D	N
L	A	B	O	R	U	N	Z	F	M	U	F	G	F	E
C	M	N	Q	L	E	T	Q	J	A	J	T	I	J	T
V	G	Q	X	X	O	V	H	B	D	C	U	I	K	W

BOTSCHAFT
APARTMENT
KABINE
SCHLOSS
KINO
SCHULE
GARAGE
SCHEUNE
KRANKENHAUS
HOTEL
LABOR
MUSEUM
OBSERVATORIUM
STADION
SUPERMARKT
ZELT
THEATER
TURM
UNIVERSITÄT
FABRIK

89 - Activités et Loisirs

V	E	Y	B	Z	W	A	N	E	X	O	B	O	E	M
L	F	C	G	A	Q	A	E	Z	I	P	R	E	N	P
L	F	U	V	X	S	D	N	E	F	R	U	S	T	I
A	N	G	E	L	N	K	N	D	L	X	V	T	S	C
B	T	E	D	L	Ä	M	E	G	E	T	A	E	P	V
E	A	R	M	S	X	D	R	T	X	R	G	N	A	O
S	U	E	M	M	O	J	V	G	B	A	N	N	N	L
A	C	I	M	D	I	G	O	L	F	A	L	I	N	L
B	H	S	A	V	X	W	H	F	Y	H	L	S	E	E
L	E	E	Z	H	P	N	H	W	N	O	A	L	N	Y
G	N	I	P	M	A	C	E	C	T	B	B	P	D	B
G	O	F	P	V	J	L	E	P	S	B	S	O	B	A
A	Q	U	T	R	U	X	C	D	N	I	S	Q	H	L
C	P	P	O	U	Q	S	G	V	U	E	U	A	B	L
C	R	H	R	D	T	F	E	D	K	S	F	S	V	T

KUNST
BASEBALL
BASKETBALL
BOXEN
CAMPING
RENNEN
FUSSBALL
GOLF
SCHWIMMEN
HOBBIES
GEMÄLDE
ANGELN
TAUCHEN
WANDERN
ENTSPANNEND
SURFEN
TENNIS
VOLLEYBALL
REISE

90 - Livres

L	S	G	H	U	M	O	R	V	O	L	L	P	E	S
N	V	E	D	U	A	L	I	T	Ä	T	V	O	P	E
K	D	D	S	N	G	A	L	A	F	Z	E	E	I	R
T	P	I	X	N	A	L	W	S	Y	I	T	S	S	I
O	S	C	R	O	W	M	H	D	C	L	I	I	C	E
A	H	H	C	S	I	R	O	T	S	I	H	E	H	Z
E	B	T	U	L	I	T	E	R	A	R	I	S	C	H
R	X	E	R	I	S	M	Q	J	E	Z	V	J	R	I
Z	S	X	N	T	F	F	K	X	D	S	V	T	E	H
Ä	N	O	I	T	K	E	L	L	O	K	E	E	L	C
H	C	S	I	R	E	D	N	I	F	R	E	L	E	S
L	T	U	N	F	B	U	N	M	W	H	H	Q	V	E
E	F	E	I	G	Y	N	E	H	G	J	N	X	A	I
R	K	O	N	T	E	X	T	R	J	U	J	G	N	T
O	C	A	U	T	O	R	Q	M	O	M	K	X	T	E

AUTOR
ABENTEUER
KOLLEKTION
KONTEXT
DUALITÄT
EPISCH
HISTORISCH
HUMORVOLL
ERFINDERISCH
LESER
LITERARISCH
ERZÄHLER
SEITE
RELEVANT
GEDICHT
POESIE
ROMAN
SERIE

91 - Pays #2

K	J	F	D	E	A	K	A	X	U	S	S	T	K	B
O	E	N	I	A	R	K	U	N	G	O	L	F	P	N
S	P	N	O	N	A	B	I	L	A	M	E	X	W	J
J	G	S	I	J	X	E	B	D	N	A	L	R	I	S
V	R	U	L	A	O	T	E	R	D	L	A	I	Q	P
F	Y	P	S	M	H	K	N	Z	A	I	T	I	A	H
F	I	M	C	S	Y	R	I	E	N	A	P	A	J	C
D	Ä	N	E	M	A	R	K	X	X	I	A	L	A	I
R	U	S	S	L	A	N	D	X	E	U	K	B	M	E
I	N	D	O	N	E	S	I	E	N	M	I	A	A	R
S	Z	C	V	Q	V	P	E	L	U	A	S	N	I	K
W	Q	W	H	F	J	U	V	A	E	S	T	I	K	N
F	X	L	W	I	Z	V	U	O	A	Y	A	E	A	A
S	U	D	A	N	N	R	Y	S	P	H	N	N	E	R
C	J	F	S	Y	Q	A	I	J	A	P	A	N	L	F

ALBANIEN
CHINA
DÄNEMARK
FRANKREICH
HAITI
INDONESIEN
IRLAND
JAMAIKA
JAPAN
KENIA
LAOS
LIBANON
MEXIKO
UGANDA
PAKISTAN
RUSSLAND
SOMALIA
SUDAN
SYRIEN
UKRAINE

92 - Eau

F	E	I	S	E	F	M	S	Q	N	N	R	I	C	U
Q	E	X	J	B	U	A	P	Y	D	A	M	P	F	T
J	Q	U	P	C	D	B	W	I	S	F	K	Y	A	P
Y	X	Z	C	A	R	I	S	Y	E	G	V	F	H	J
O	Q	B	M	H	A	B	G	E	X	Q	A	H	K	B
E	U	A	X	V	T	U	V	F	E	P	I	S	Q	S
N	X	T	I	E	K	G	I	T	H	C	U	E	F	X
A	C	A	T	T	Z	Q	R	E	C	P	E	E	B	Y
K	B	W	F	G	N	U	R	E	S	S	Ä	W	E	B
I	A	K	G	N	U	T	S	N	U	D	R	E	V	F
R	P	N	Y	R	S	R	N	H	D	G	T	L	R	L
R	A	P	A	O	N	Q	M	C	J	I	P	L	E	U
U	Z	X	R	L	O	D	Q	S	X	U	S	E	G	S
H	F	L	U	T	M	O	Z	E	A	N	B	N	E	S
T	R	I	N	K	B	A	R	F	R	O	S	T	N	Q

KANAL
DUSCHE
VERDUNSTUNG
FLUSS
FROST
GEYSIR
EIS
FEUCHT
FEUCHTIGKEIT
FLUT
BEWÄSSERUNG
SEE
MONSUN
SCHNEE
OZEAN
HURRIKAN
REGEN
TRINKBAR
WELLEN
DAMPF

93 - Jazz

S	B	X	M	N	M	P	J	W	A	B	A	S	B	P
I	C	E	Y	C	X	B	A	R	L	H	S	O	E	Z
J	M	H	T	N	E	L	A	T	B	U	T	L	R	X
A	U	P	L	O	U	E	Q	O	U	G	I	O	Ü	R
H	S	N	A	A	N	V	U	W	M	E	L	S	H	F
T	I	T	L	N	G	U	U	W	A	N	B	I	M	A
S	K	Y	T	R	E	Z	N	O	K	R	W	K	T	V
I	P	O	P	T	M	A	E	G	D	E	I	L	A	O
N	N	U	Q	C	A	S	J	U	E	N	F	M	P	R
O	R	C	H	E	S	T	E	R	G	N	Q	Y	N	I
P	I	M	P	R	O	V	I	S	A	T	I	O	N	T
M	R	H	Y	T	H	M	U	S	R	P	D	E	V	E
O	K	Ü	N	S	T	L	E	R	T	H	B	J	B	N
K	I	N	H	C	E	T	T	L	L	V	E	C	G	E
P	V	P	I	S	F	L	H	W	X	B	R	J	Y	B

BETONUNG
ALBUM
KÜNSTLER
BERÜHMT
LIED
KOMPONIST
KONZERT
FAVORITEN
GENRE
IMPROVISATION
MUSIK
NEU
ORCHESTER
RHYTHMUS
SOLO
STIL
TALENT
SCHLAGZEUG
TECHNIK
ALT

94 - Paysages

S	V	X	V	E	T	W	S	M	U	D	N	H	J	Q
U	J	I	U	B	M	Ü	M	C	Ü	V	A	C	G	U
M	X	V	N	S	U	S	A	M	U	N	R	F	O	Q
P	V	N	N	T	W	T	J	N	A	Y	D	E	K	D
F	L	L	A	F	R	E	S	S	A	W	N	U	F	Q
N	Q	N	K	D	E	C	D	T	B	P	U	P	N	P
H	W	Q	L	Q	D	R	E	H	C	S	T	E	L	G
K	A	K	U	Q	E	J	Y	E	E	S	M	D	A	R
R	E	L	V	F	V	M	Y	I	L	T	S	V	T	E
P	G	E	B	M	E	E	R	S	N	R	S	U	H	B
L	V	G	H	I	J	X	I	B	G	A	A	O	L	J
E	K	Ü	G	K	N	M	S	E	G	N	Q	A	W	F
H	Ö	H	L	E	E	S	Y	R	I	D	G	S	D	S
I	N	S	E	L	C	Q	E	G	N	L	J	E	F	W
I	Q	G	H	G	A	R	G	L	F	N	S	Y	U	M

WASSERFALL
HÜGEL
WÜSTE
MÜNDUNG
FLUSS
GEYSIR
GLETSCHER
HÖHLE
EISBERG
INSEL
SEE
SUMPF
MEER
BERG
OASE
HALBINSEL
STRAND
TUNDRA
TAL
VULKAN

95 - Pays #1

H	D	W	U	S	M	S	M	J	G	V	O	N	N	P
W	Y	Q	Y	H	A	P	T	A	Q	Q	I	I	O	L
L	M	U	K	Z	R	A	U	D	L	V	P	C	R	U
Q	I	U	P	D	O	N	B	A	R	I	H	A	W	S
R	E	B	I	Y	K	I	D	N	I	A	I	R	E	B
B	J	S	Y	J	K	E	D	A	T	F	L	A	G	R
Z	Y	D	G	E	O	N	V	K	N	G	I	G	E	A
V	S	W	T	S	N	E	L	O	P	H	P	U	N	S
E	G	A	R	C	E	A	M	A	N	A	P	A	E	I
G	C	U	M	L	I	Y	E	N	E	N	I	C	I	L
Y	K	U	M	A	D	W	Z	Y	M	I	N	H	N	I
R	D	N	A	L	N	N	I	F	W	S	E	H	Ä	E
M	C	I	Z	D	I	S	F	X	Z	T	N	B	M	N
B	X	M	X	E	O	M	Z	M	W	A	S	K	U	R
I	S	R	A	E	L	R	O	Z	T	N	K	I	R	F

AFGHANISTAN
BRASILIEN
KANADA
SPANIEN
ECUADOR
FINNLAND
INDIEN
ISRAEL
LIBYEN
MALI
MAROKKO
NICARAGUA
NORWEGEN
PANAMA
PHILIPPINEN
POLEN
RUMÄNIEN

96 - Nombres

S	L	M	C	S	N	N	Z	P	P	E	T	B	H	J
A	I	E	W	Z	U	M	Q	W	L	C	S	N	J	S
C	E	E	T	N	L	L	G	N	A	A	C	H	T	E
H	R	Q	B	H	L	Y	Z	X	M	N	G	E	M	C
T	D	C	W	E	L	X	X	J	I	H	Z	Z	O	H
Z	I	B	R	Z	N	U	E	N	Z	E	B	I	C	S
E	L	Z	Y	H	A	N	G	H	E	Z	X	E	G	R
H	V	J	N	C	N	H	C	E	D	F	P	R	R	D
N	H	F	U	E	H	E	N	Z	B	N	D	D	Y	A
K	H	L	X	S	E	Z	U	B	Q	Ü	W	F	Z	I
K	F	A	Q	Z	Z	B	F	N	Ü	F	Q	U	O	E
V	E	X	L	P	R	E	I	V	Z	Z	C	V	H	L
R	H	T	P	O	E	I	N	M	E	E	R	I	R	E
Q	X	K	C	S	I	S	D	D	R	U	H	D	P	M
Z	W	Ö	L	F	V	B	U	V	I	M	R	N	L	J

FÜNF
ZWEI
DEZIMAL
ZEHN
ACHTZEHN
NEUNZEHN
SIEBZEHN
ZWÖLF
ACHT
NEUN
VIERZEHN
VIER
FÜNFZEHN
SECHZEHN
SIEBEN
SECHS
DREIZEHN
DREI
ZWANZIG
NULL

97 - Nature

L	E	B	E	N	S	W	I	C	H	T	I	G	H	S
R	I	F	B	N	Q	T	I	E	H	N	Ö	H	C	S
Z	Z	J	P	I	E	C	L	G	E	W	H	M	S	S
E	S	D	V	R	E	B	J	T	I	Ü	E	T	I	U
W	O	L	K	E	N	N	E	N	T	S	I	I	P	L
J	R	I	L	A	U	B	E	L	E	T	L	E	O	F
E	T	W	V	U	O	A	G	N	R	E	I	R	R	J
N	R	E	H	C	S	T	E	L	G	J	G	E	T	J
E	T	O	A	R	K	T	I	S	E	T	T	Q	M	V
J	H	C	S	I	M	A	N	Y	D	Z	U	Y	F	V
N	A	H	C	I	L	D	E	I	R	F	M	I	U	X
O	H	Y	S	S	O	Z	I	G	Y	P	E	G	A	Q
Y	Z	D	Y	I	A	N	L	V	C	S	M	X	F	S
X	F	L	Z	E	R	P	S	F	W	A	L	D	C	B
D	P	D	K	Q	W	R	G	S	C	H	U	T	Z	Q

BIENEN
SCHUTZ
TIERE
ARKTIS
SCHÖNHEIT
NEBEL
WÜSTE
DYNAMISCH
EROSION
LAUB
FLUSS
WALD
GLETSCHER
WOLKEN
FRIEDLICH
HEILIGTUM
WILD
HEITER
TROPISCH
LEBENSWICHTIG

98 - Chimie

P	L	O	D	S	F	B	C	R	E	K	U	G	T	W
P	Y	D	E	D	W	C	H	S	D	Z	U	F	S	A
R	A	E	L	K	U	N	L	Ü	K	E	L	O	M	S
K	A	T	Z	K	R	P	O	O	Q	Z	D	A	T	S
O	L	E	O	G	A	S	R	B	W	T	M	K	S	E
H	K	L	R	M	C	I	H	C	E	I	E	A	T	R
L	A	E	O	Y	I	Z	G	O	G	H	T	T	E	S
E	L	K	Q	Z	Q	C	H	T	E	F	A	A	M	T
N	I	T	P	N	O	I	Z	X	W	N	L	L	P	O
S	S	R	L	E	R	U	Ä	S	I	U	L	Y	E	F
T	C	O	Q	H	T	C	B	P	C	V	E	S	R	F
O	H	N	Y	T	F	M	P	O	H	E	R	A	A	P
F	A	L	W	T	N	C	N	S	T	E	Z	T	T	Z
F	E	S	A	U	E	R	S	T	O	F	F	O	U	C
F	L	Ü	S	S	I	G	K	E	I	T	U	R	R	J

SÄURE
ALKALISCH
ATOMIC
KOHLENSTOFF
KATALYSATOR
HITZE
CHLOR
ENZYM
ELEKTRON
GAS
WASSERSTOFF
ION
FLÜSSIGKEIT
METALLE
MOLEKÜL
NUKLEAR
SAUERSTOFF
GEWICHT
SALZ
TEMPERATUR

99 - Bateaux

K	E	O	X	J	E	L	N	F	D	L	S	R	H	M
I	R	K	P	P	S	X	Q	Ä	S	D	E	N	C	A
Q	Q	S	A	R	Q	P	T	H	A	W	E	Y	Z	S
Y	Q	F	W	N	Q	P	F	R	E	E	M	Y	F	T
C	C	M	L	Q	U	Z	W	E	R	C	A	D	L	O
V	D	Z	O	U	A	R	O	T	O	M	N	H	O	O
K	F	O	W	C	S	L	Z	Y	C	Q	N	N	S	B
A	A	L	K	S	O	S	E	D	I	T	D	A	S	L
J	N	E	L	L	E	W	A	J	W	W	L	U	P	E
A	K	L	S	U	I	D	N	R	O	I	Y	T	A	G
K	E	U	Y	P	P	F	L	A	K	B	K	I	F	E
V	R	B	C	K	T	X	Z	V	S	E	E	S	L	S
W	M	S	E	I	L	S	Y	S	E	T	H	C	A	Y
F	F	Z	L	V	A	S	M	O	N	P	H	H	M	V
T	R	H	H	F	Z	R	N	U	O	M	P	N	L	C

ANKER
BOJE
KANU
SEIL
CREW
FÄHRE
FLUSS
KAJAK
SEE
TIDE
SEEMANN
MAST
MEER
MOTOR
NAUTISCH
OZEAN
FLOSS
WELLEN
SEGELBOOT
YACHT

100 - Mesures

L	L	F	Q	S	M	M	G	R	A	M	M	Q	N	I
K	I	G	E	Y	G	J	A	W	G	I	T	C	B	B
I	H	T	C	R	X	E	D	S	E	C	G	Z	Y	P
L	T	H	E	T	I	E	R	B	S	V	D	K	K	G
O	D	C	H	R	E	T	E	M	Y	E	E	Z	N	U
M	Z	I	M	Y	Q	Y	I	T	H	F	Z	S	K	R
E	C	W	U	M	F	B	W	H	Y	E	I	N	G	T
T	C	E	L	L	A	E	T	U	N	I	M	T	B	Y
E	O	G	H	P	H	R	S	D	P	T	A	W	Z	L
R	F	G	D	C	Ö	N	G	B	W	K	L	G	D	I
G	R	A	D	J	H	T	E	O	L	Z	M	D	H	M
R	T	G	P	V	E	G	N	Ä	L	A	S	Z	E	Z
V	O	L	U	M	E	N	N	Q	G	I	C	O	R	V
P	X	P	C	T	K	N	O	E	R	V	K	L	Z	H
Z	E	N	T	I	M	E	T	E	R	I	E	L	T	F

ZENTIMETER
GRAD
DEZIMAL
GRAMM
HÖHE
KILOGRAMM
KILOMETER
BREITE
LITER
LÄNGE
MASSE
METER
MINUTE
BYTE
UNZE
GEWICHT
ZOLL
TIEFE
TONNE
VOLUMEN

1 - Adjectifs #2

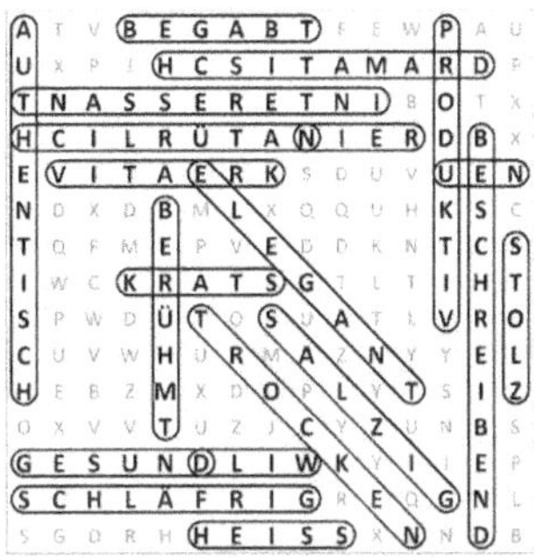

2 - Formes

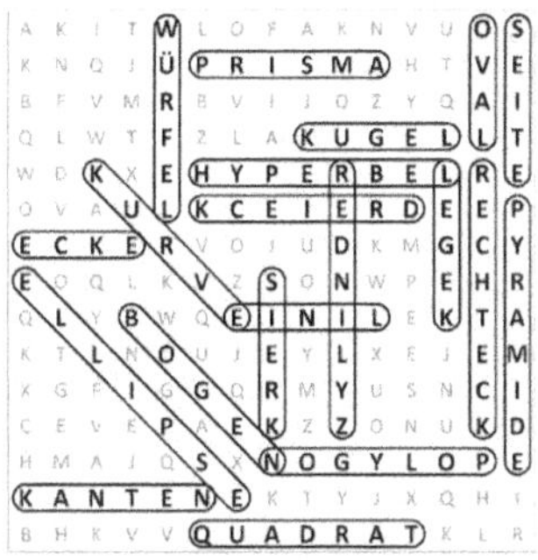

3 - Adjectifs #1

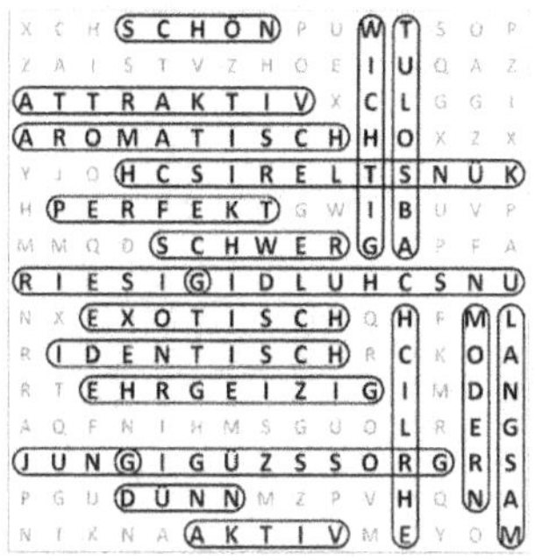

4 - Instruments de Musique

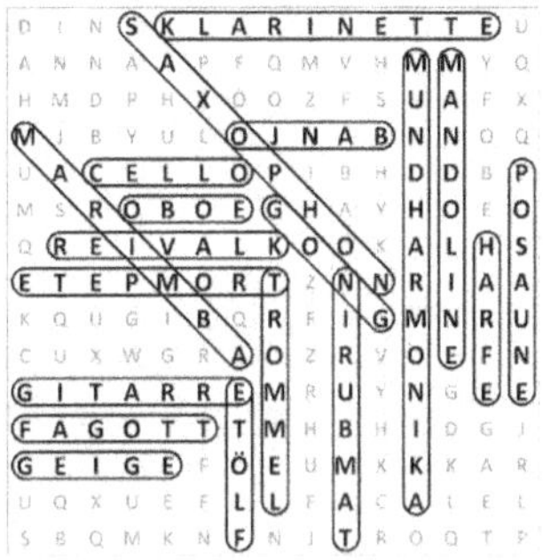

5 - Échecs

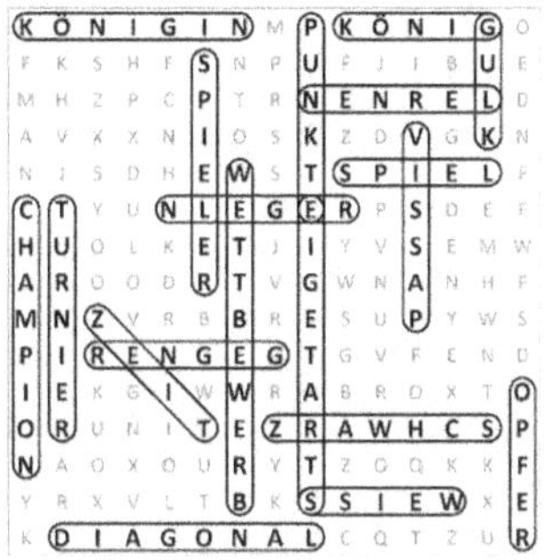

6 - Herboristerie

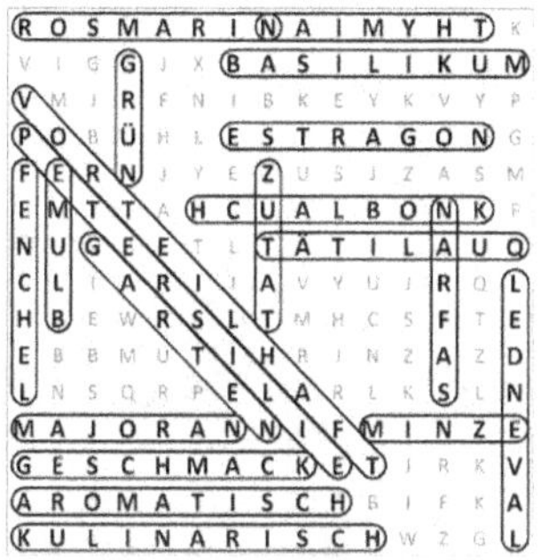

7 - Véhicules

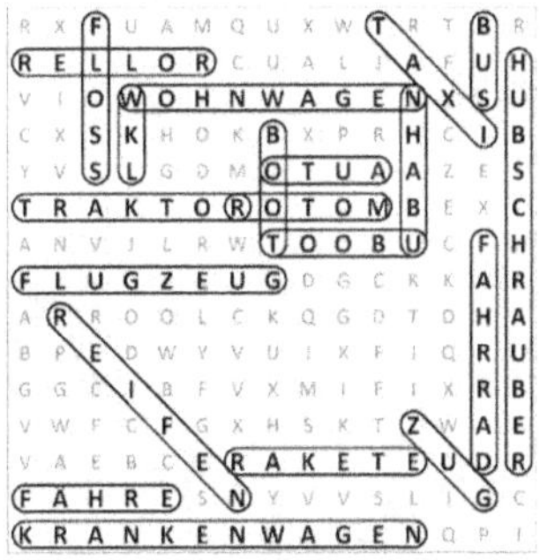

8 - Camping

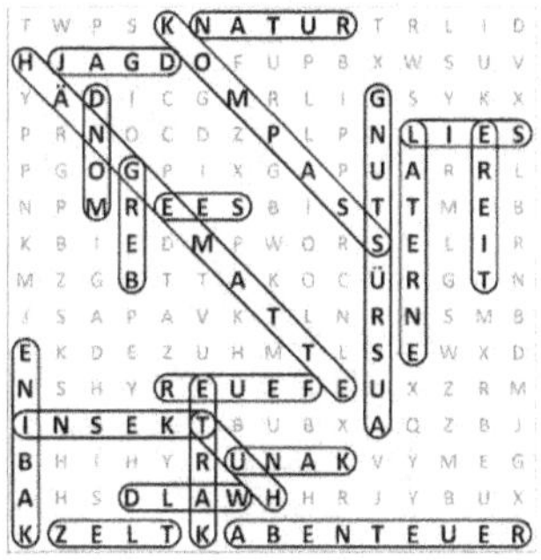

9 - Écologie

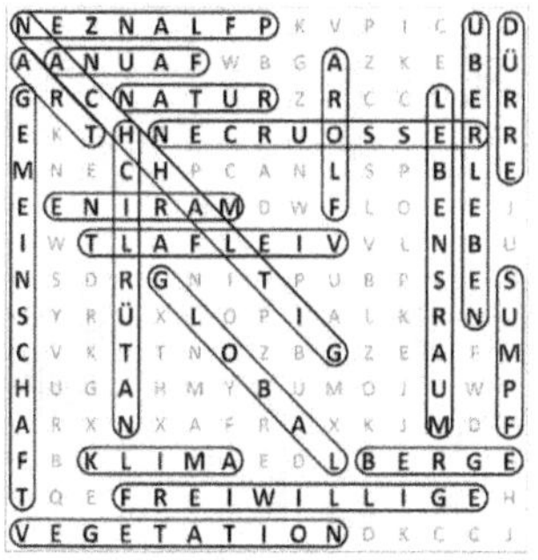

10 - Géométrie

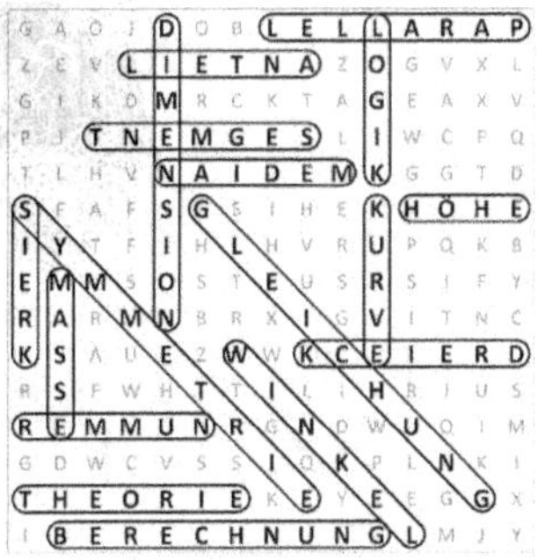

11 - Diplomatie

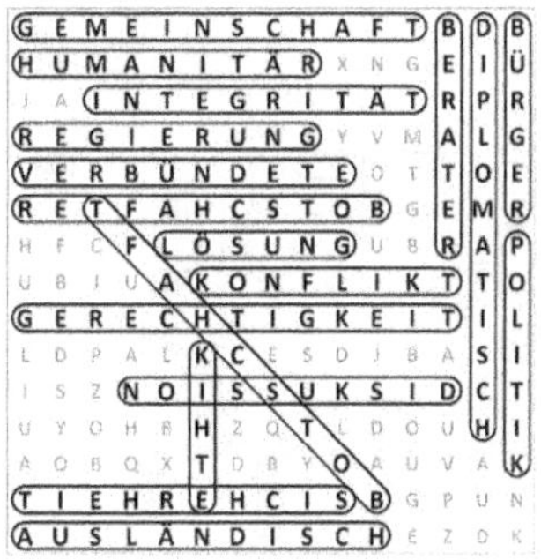

12 - Électricité

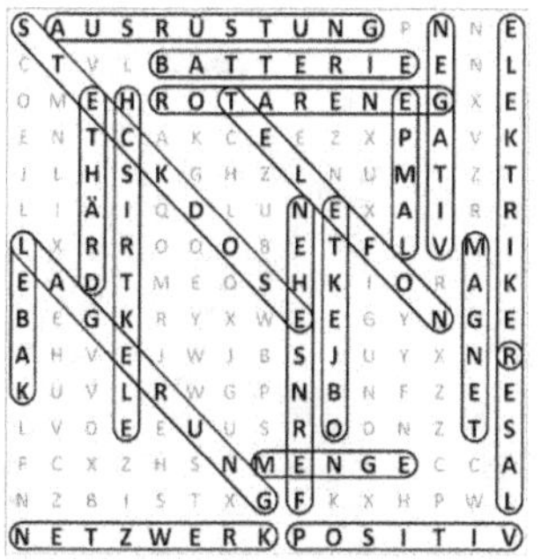

13 - Astronomie

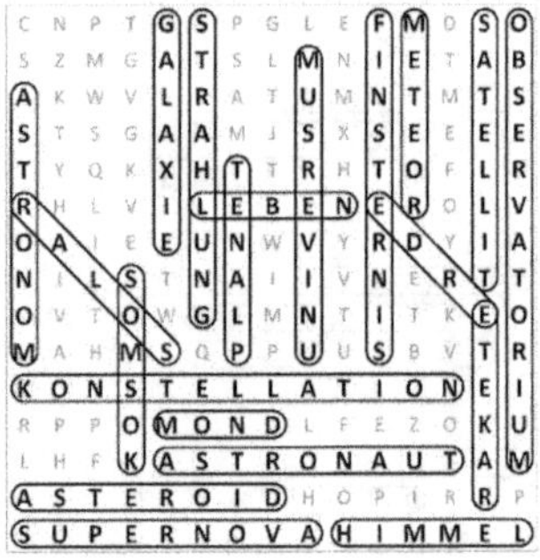

14 - Physique

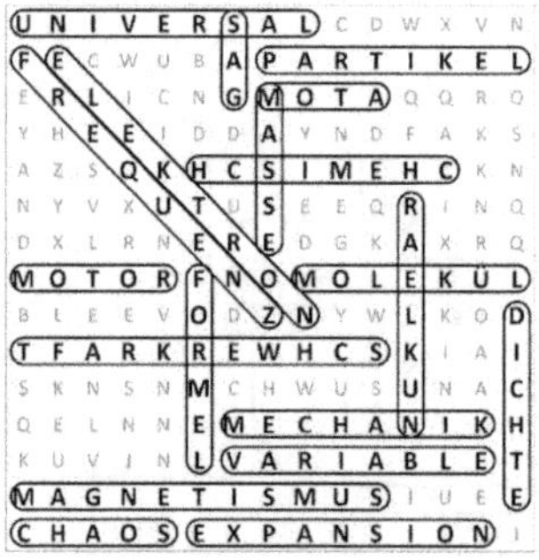

15 - Types de Cheveux

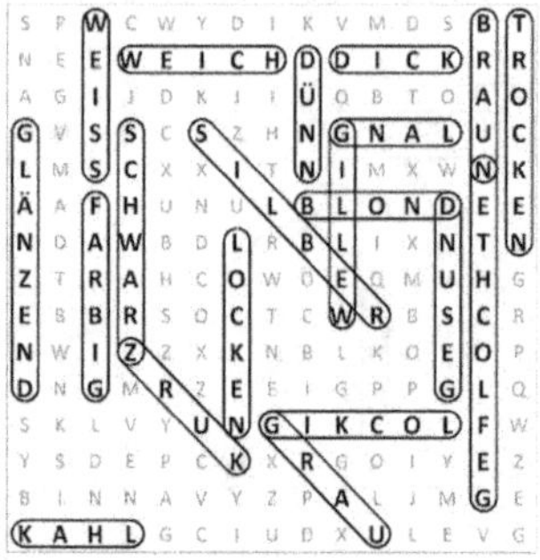

16 - Archéologie

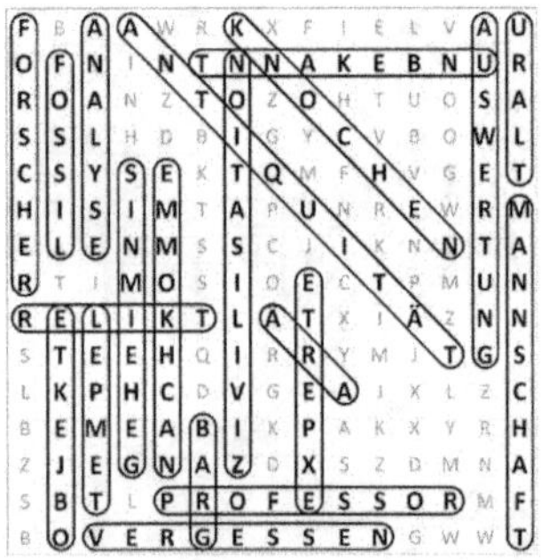

17 - Mammifères

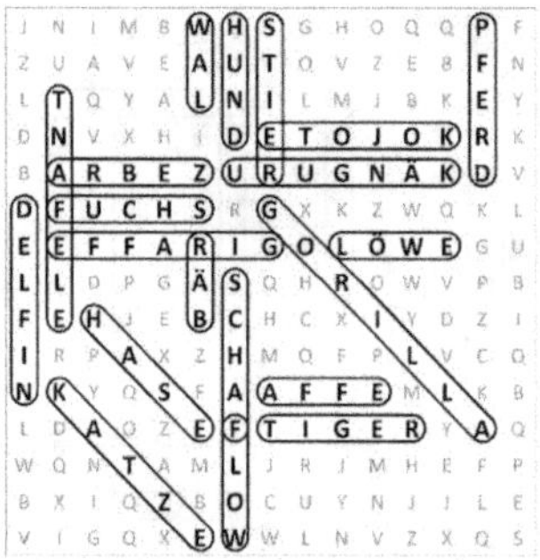

18 - Chocolat

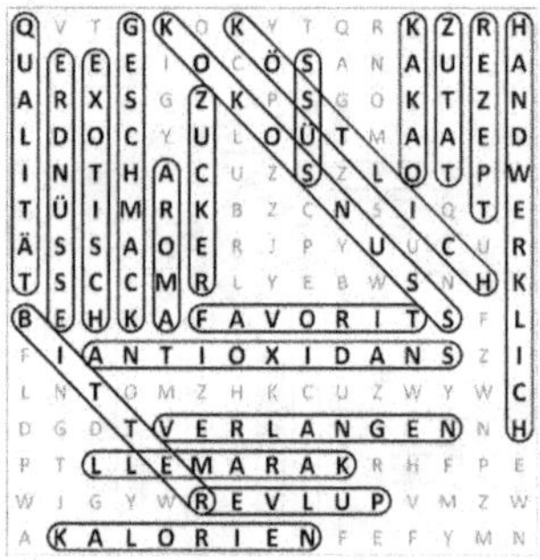

19 - Mathématiques

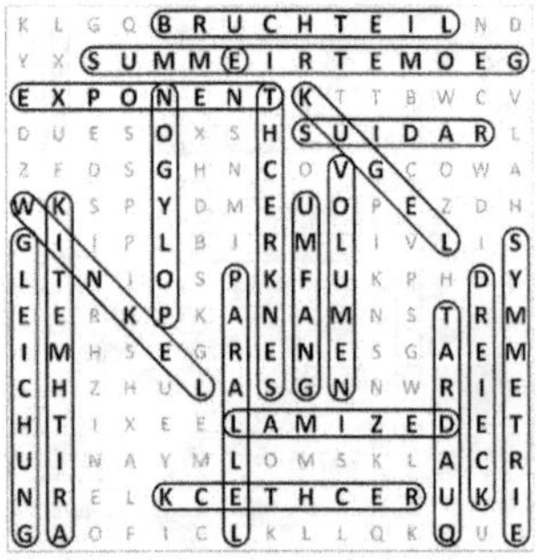

20 - Sport

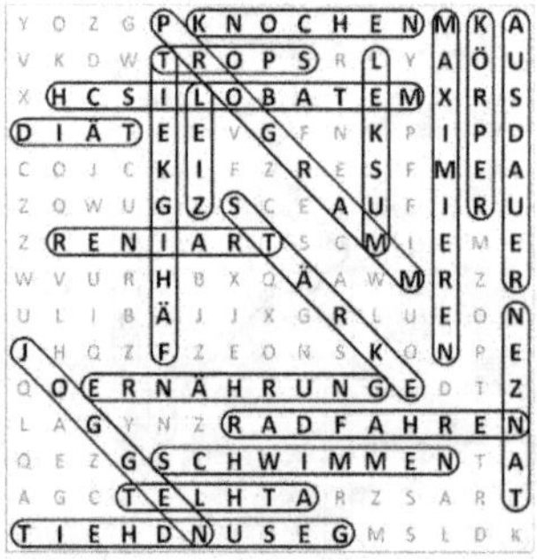

21 - Mythologie

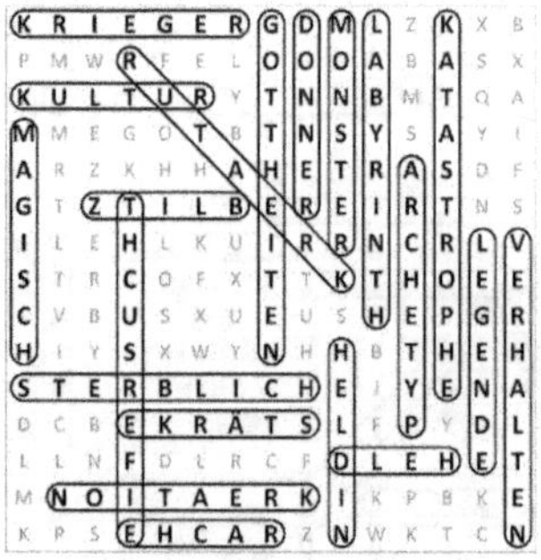

22 - Restaurant #2

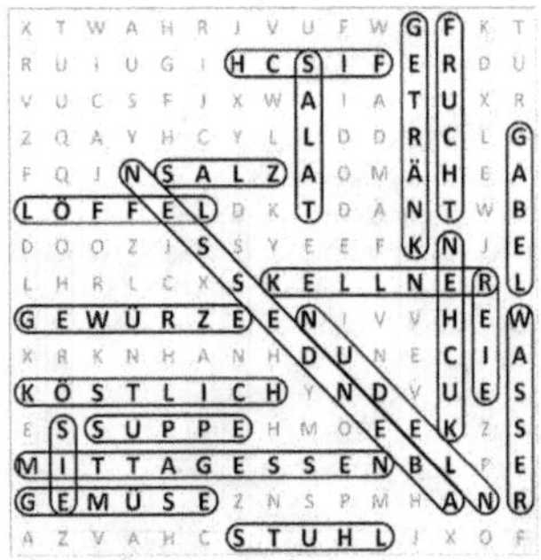

23 - Couleurs

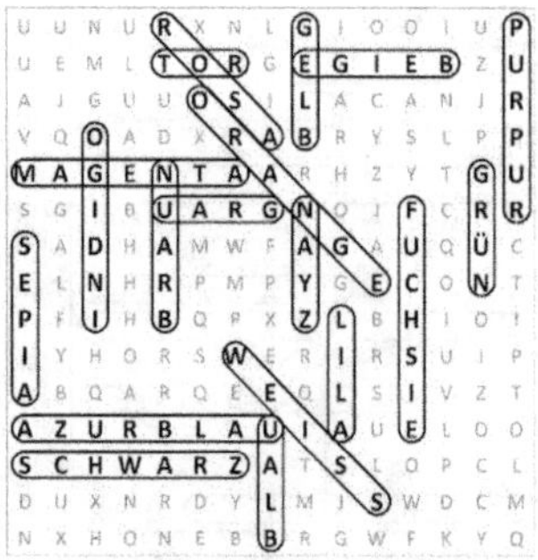

24 - Beauté

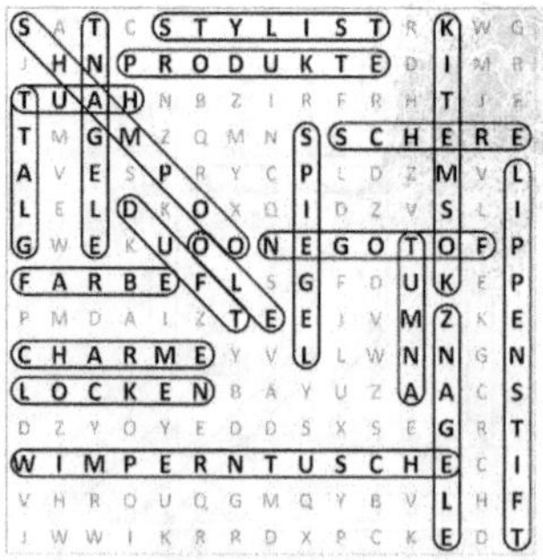

25 - Avions

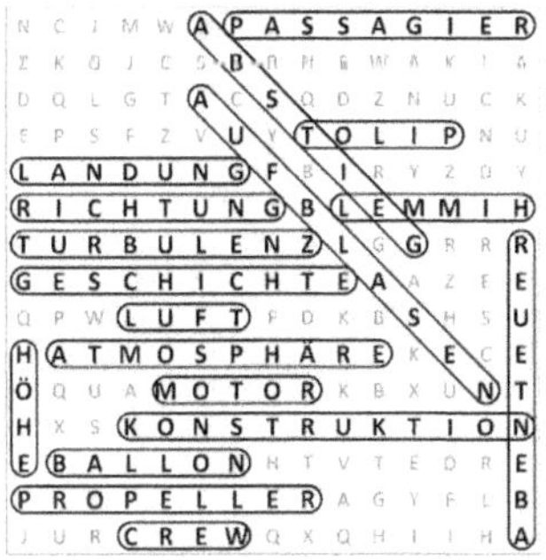

26 - Aventure

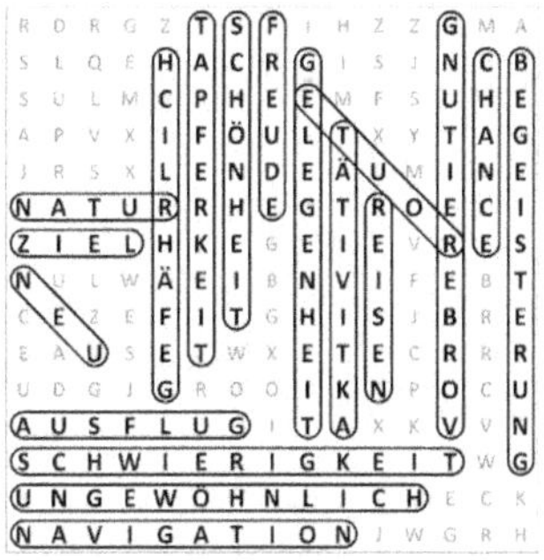

27 - Ville

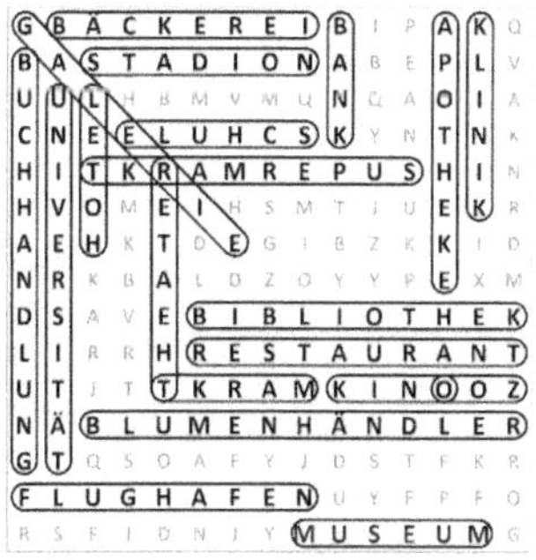

28 - Ingénierie

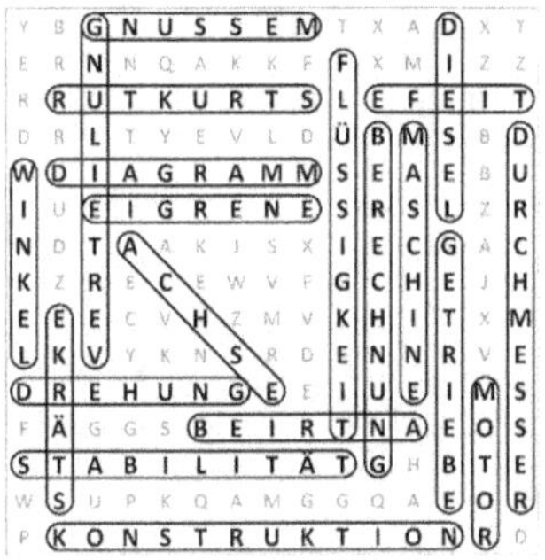

29 - Énergie

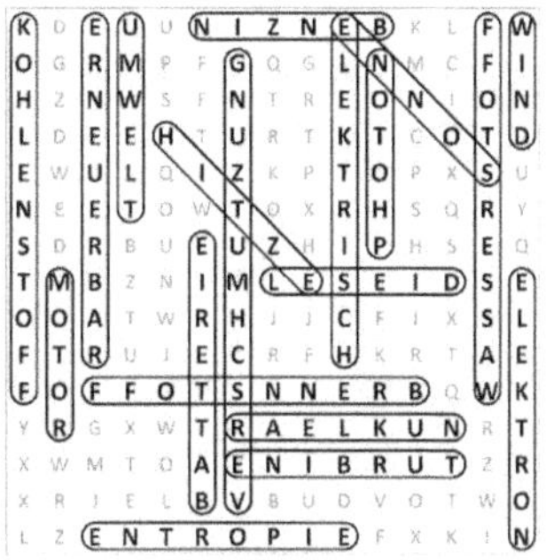

30 - Corps Humain

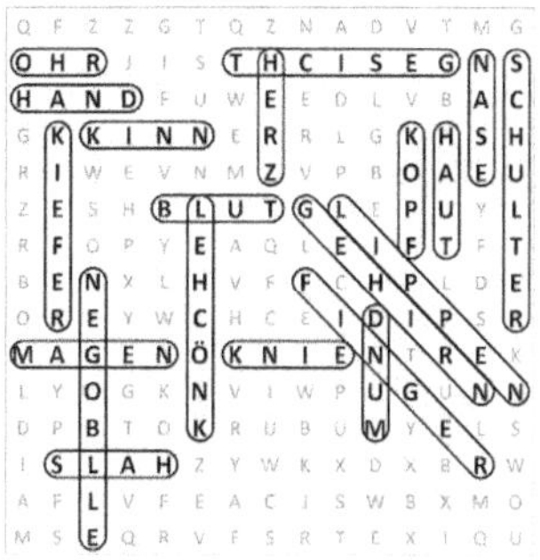

31 - Biologie

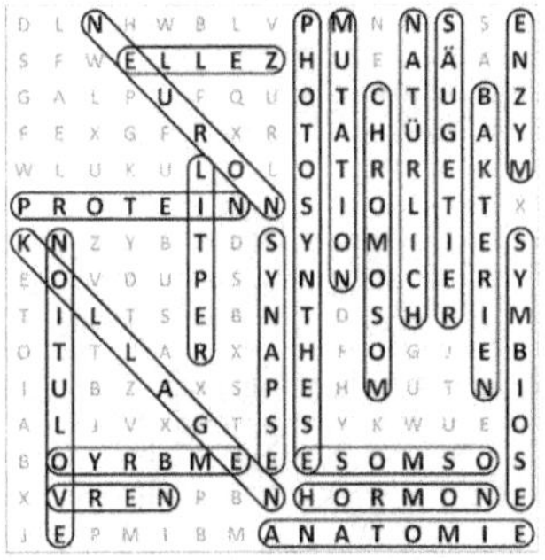

32 - Épices

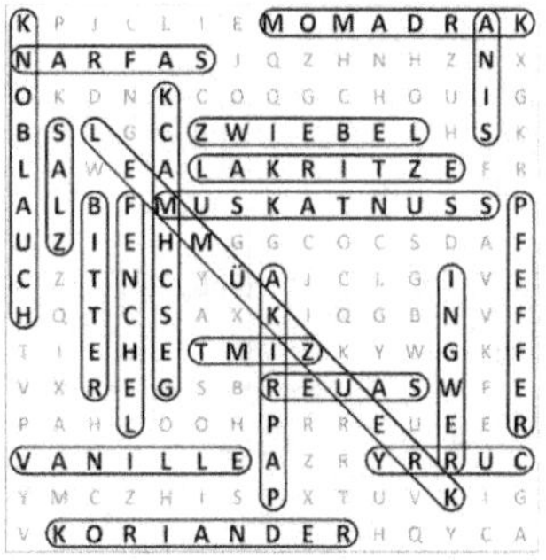

33 - Agronomie

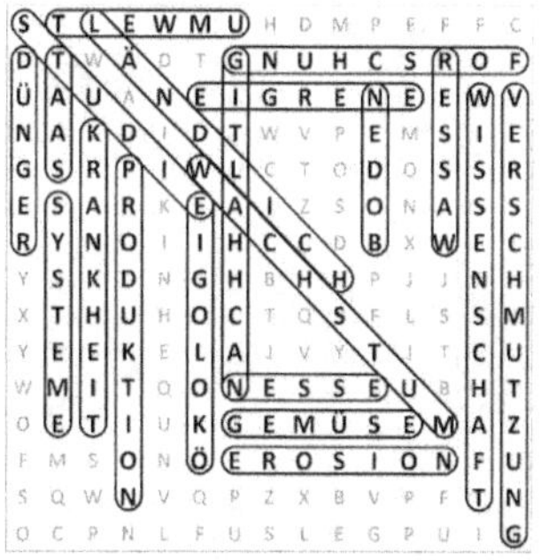

34 - Vêtements

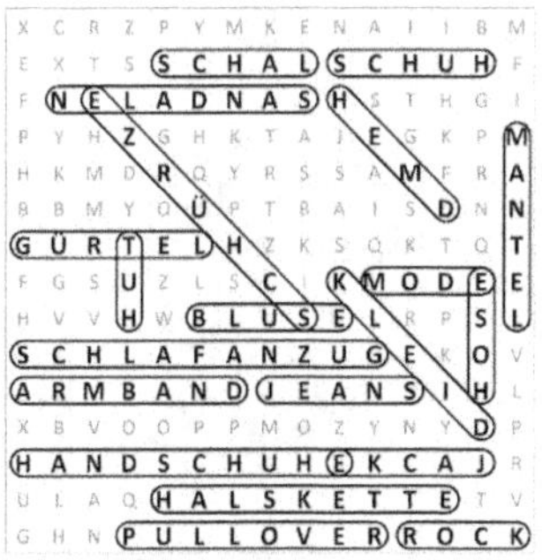

35 - Arts Visuels

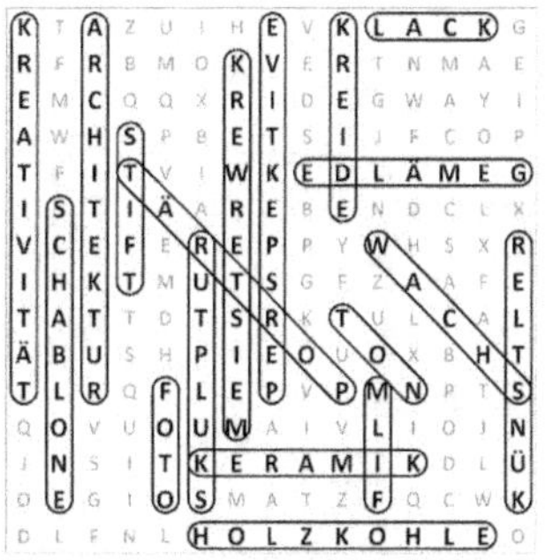

36 - Méditation

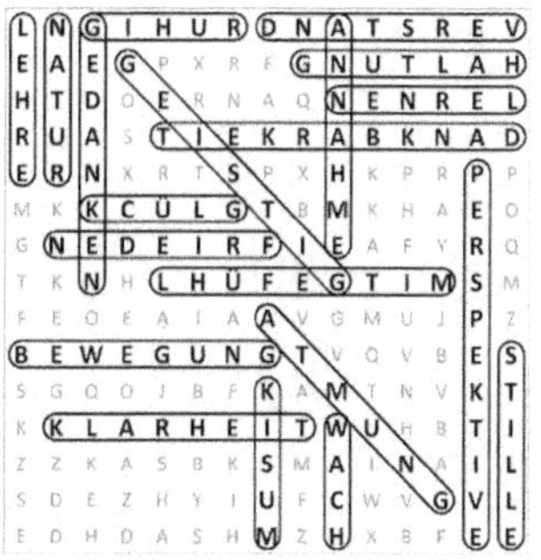

37 - Littérature

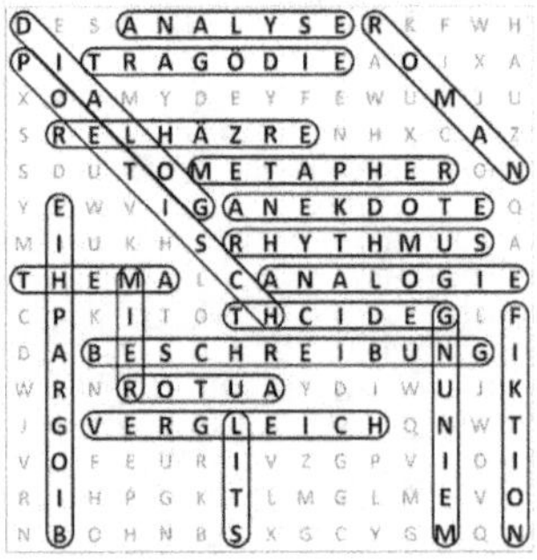

38 - Nourriture #1

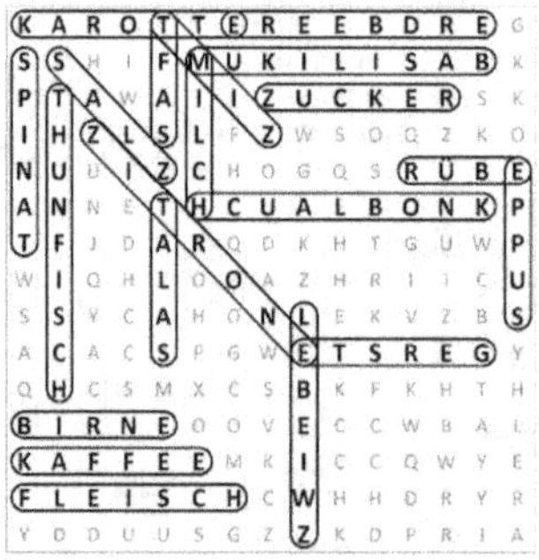

39 - Jours et Mois

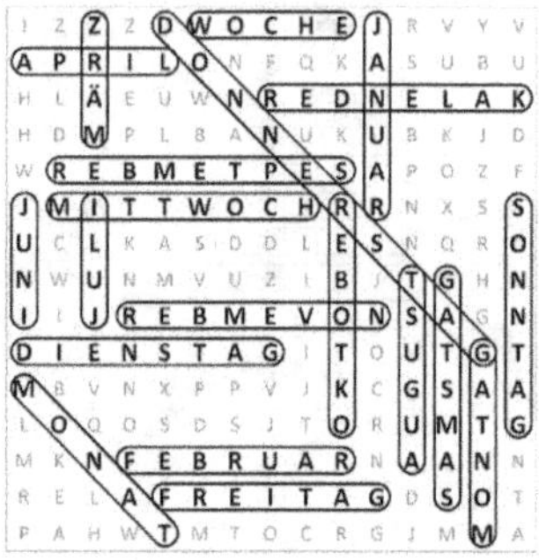

40 - Jardinage

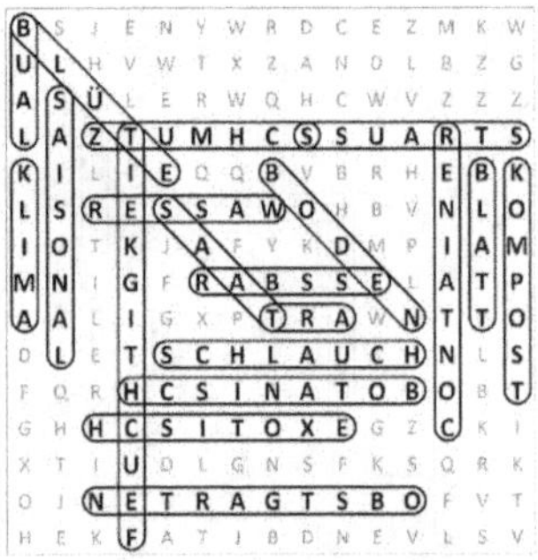

41 - Entreprise

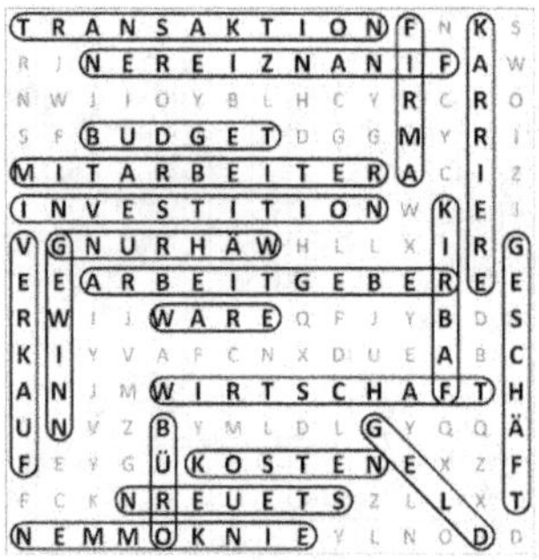

42 - Activités

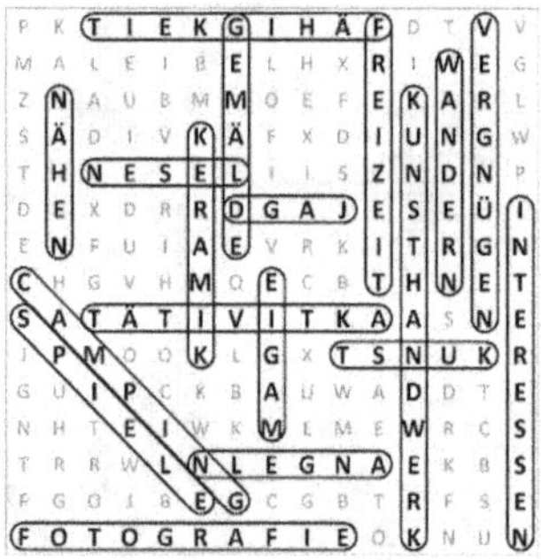

43 - Mode

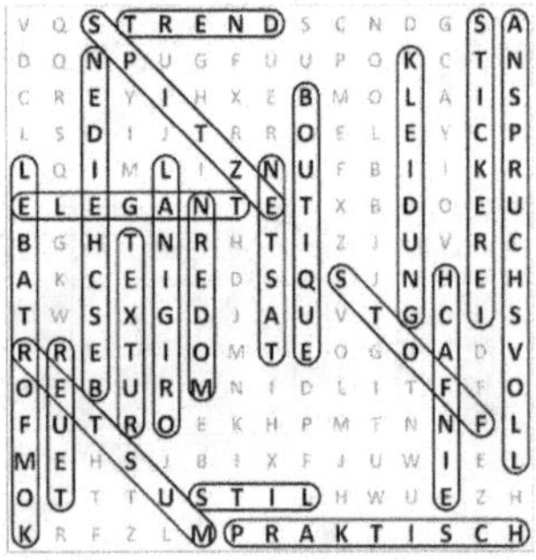

44 - Fleurs

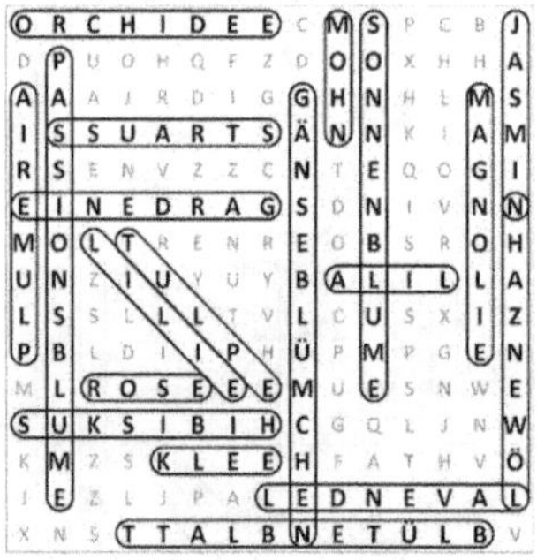

45 - Nourriture #2

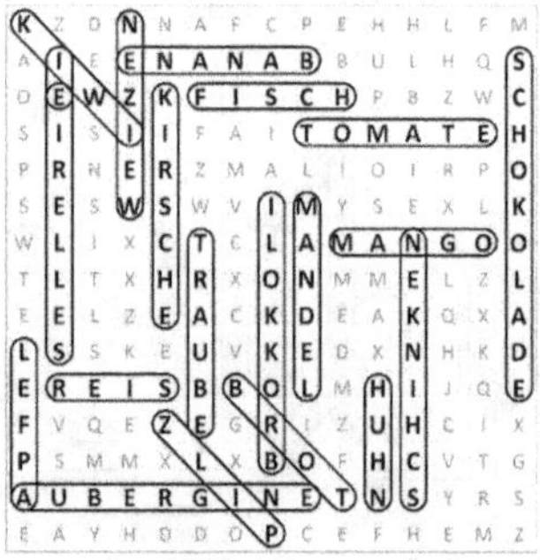

46 - Algèbre

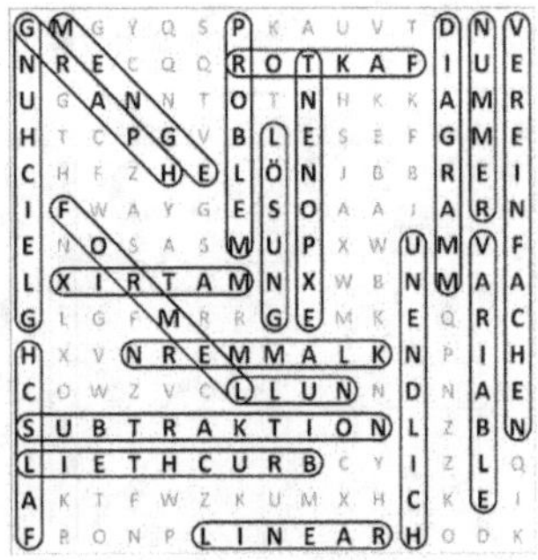

47 - Océan

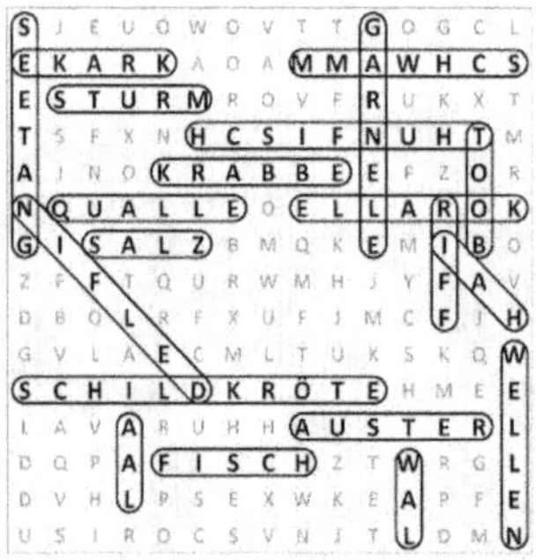

48 - Remplir

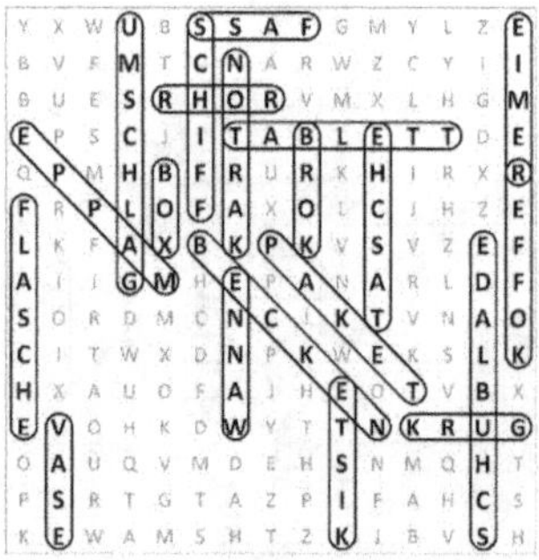

49 - Antiquités

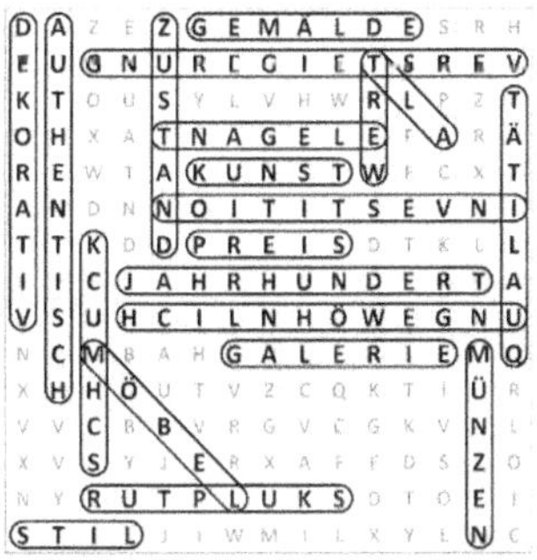

50 - Boxe

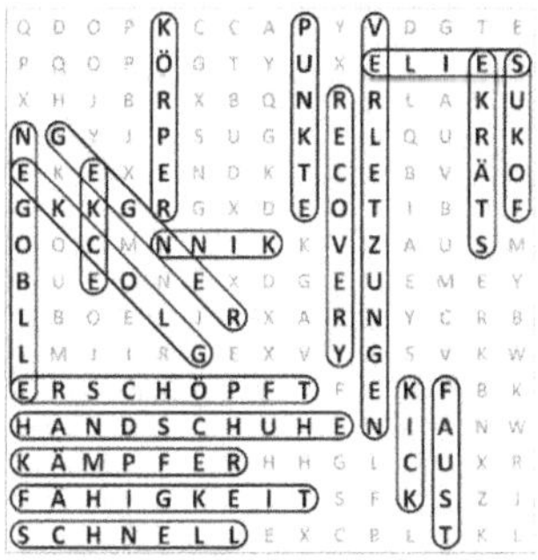

51 - Ballet

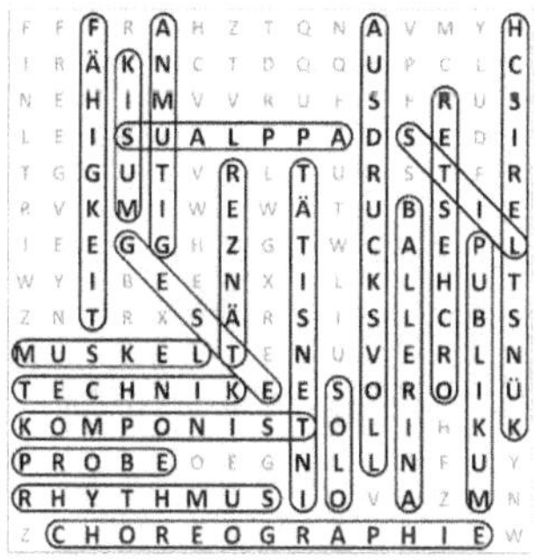

52 - Fruit

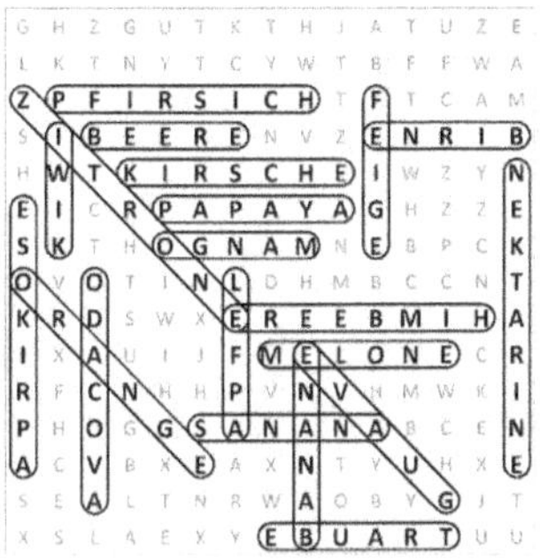

53 - Technologie

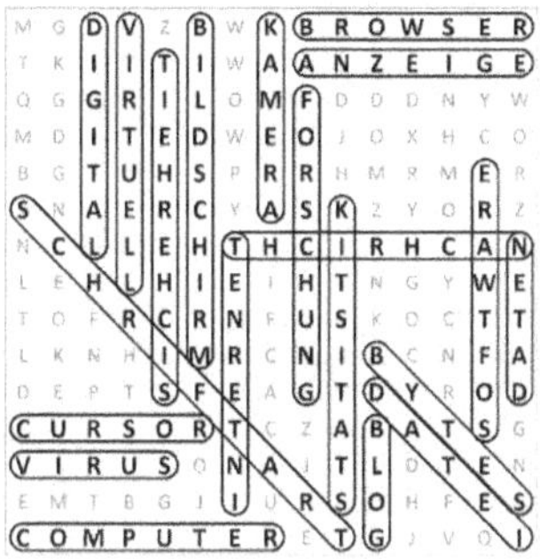

54 - Musique

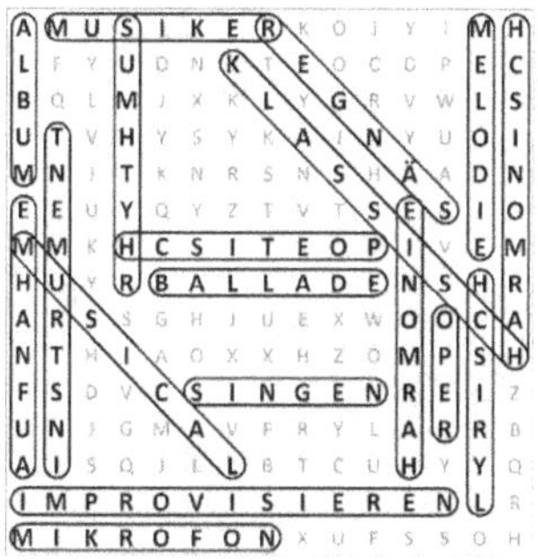

55 - Météo

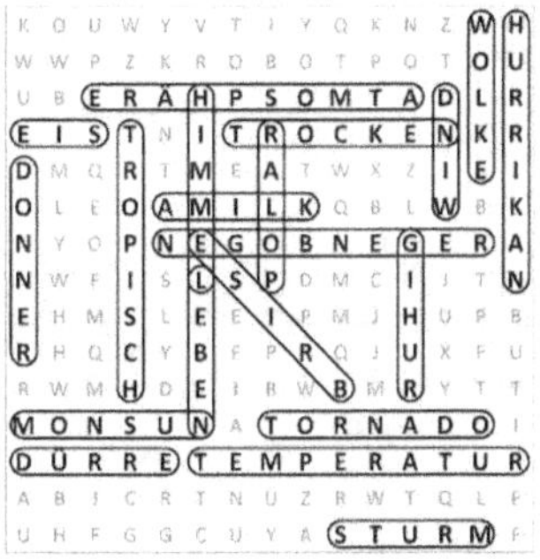

56 - L'Entreprise

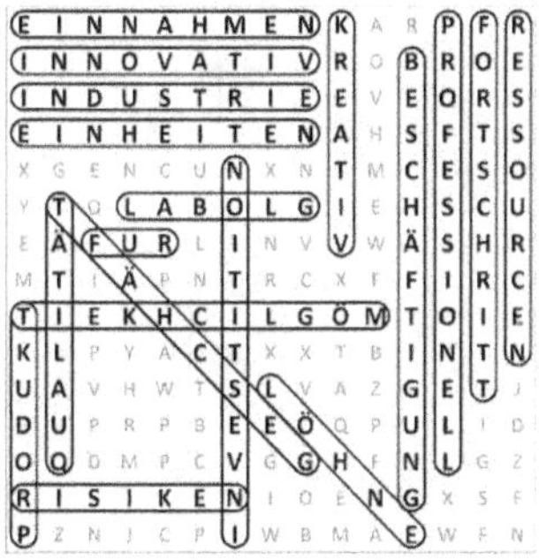

57 - Gouvernement

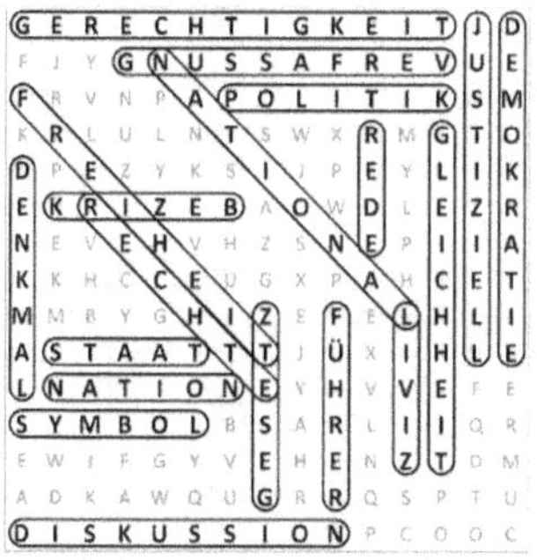

58 - Randonnée

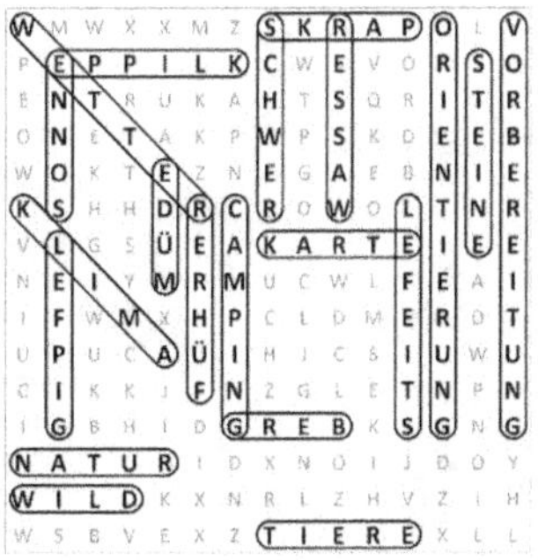

59 - Nutrition

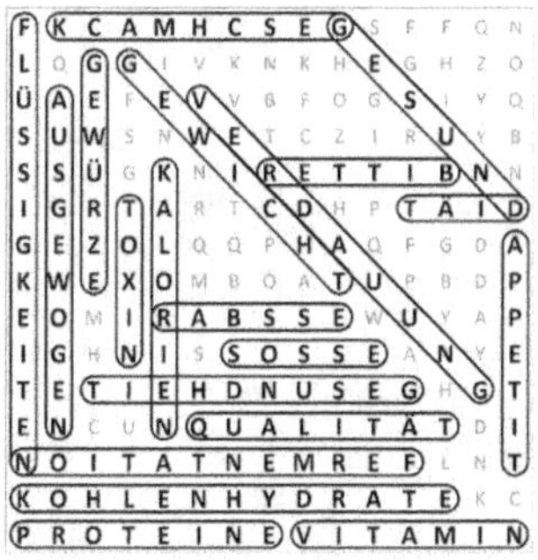

60 - Créativité

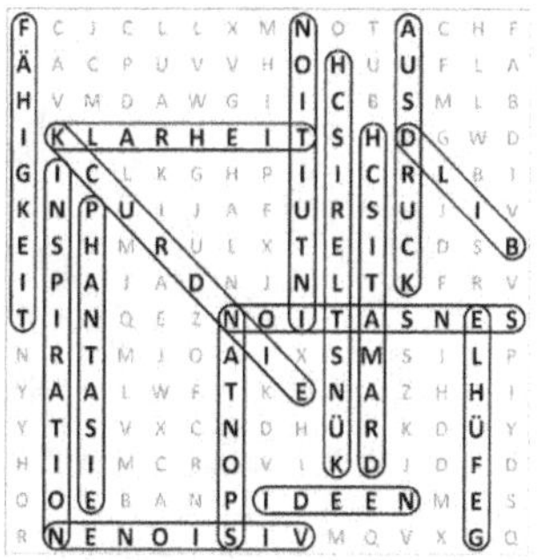

61 - Science Fiction

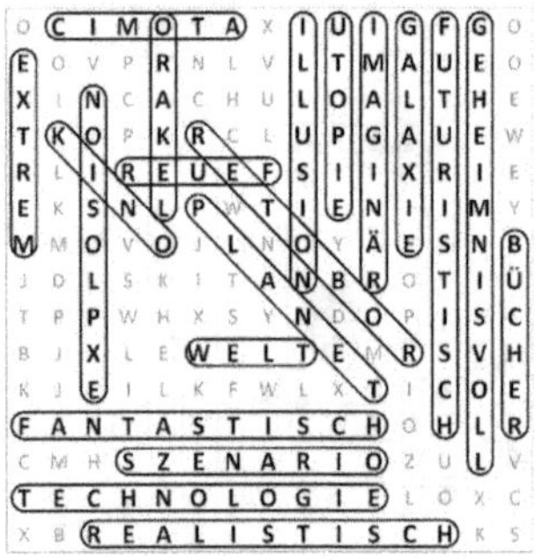

62 - Professions #1

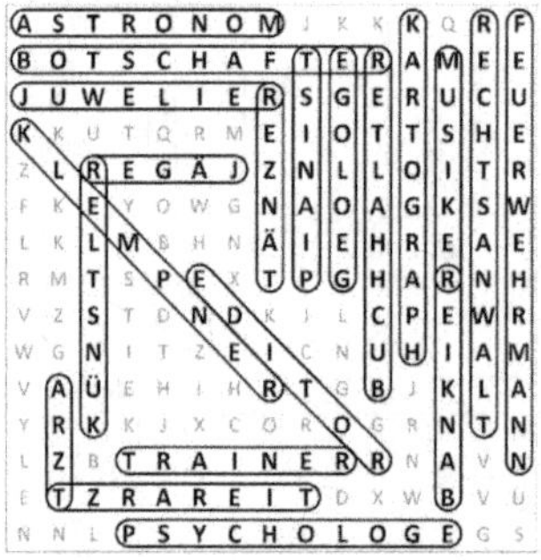

63 - Géologie

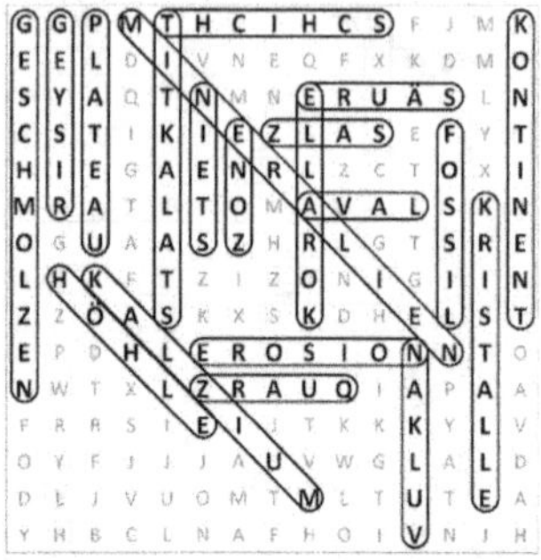

64 - Jardin

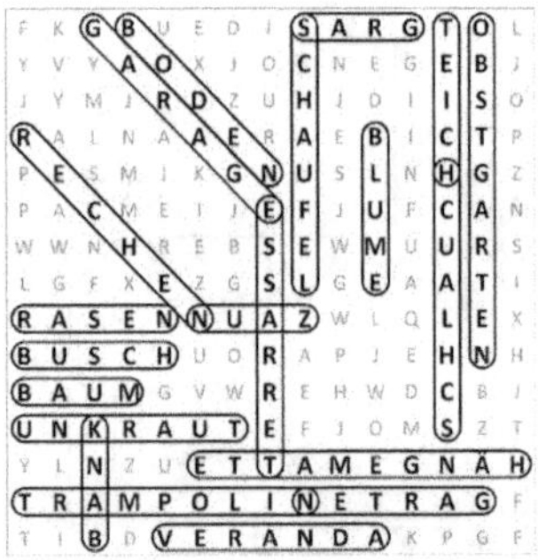

65 - Santé et Bien Être #1

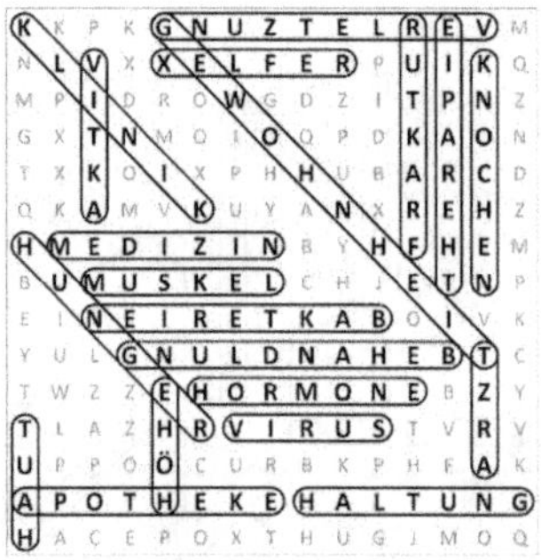

66 - Barbecues

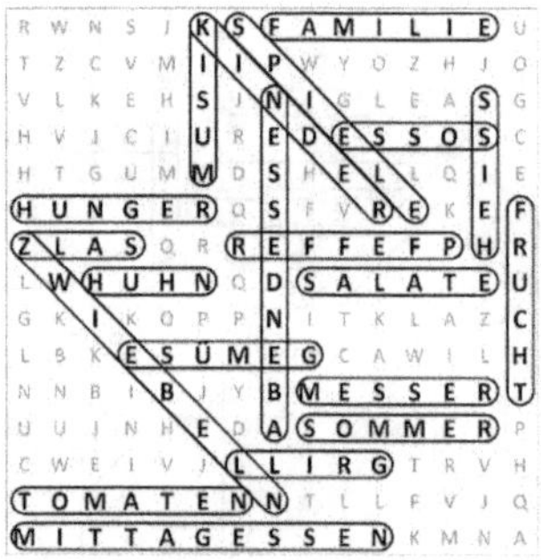

67 - Ferme #1

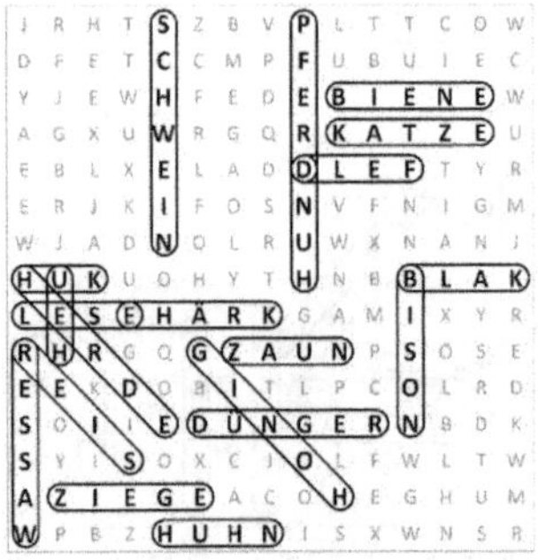

68 - Café

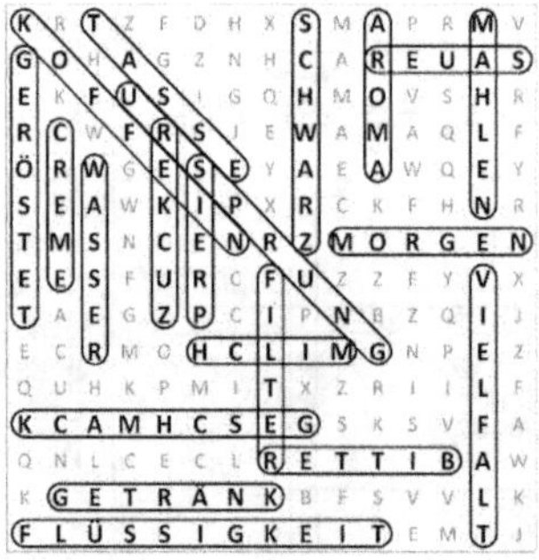

69 - Antarctique

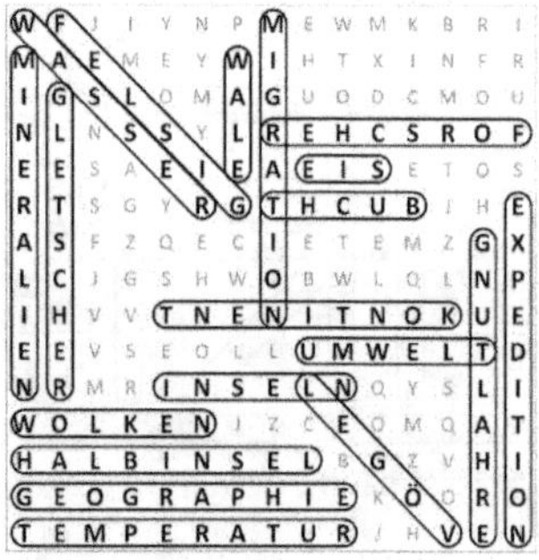

70 - Professions #2

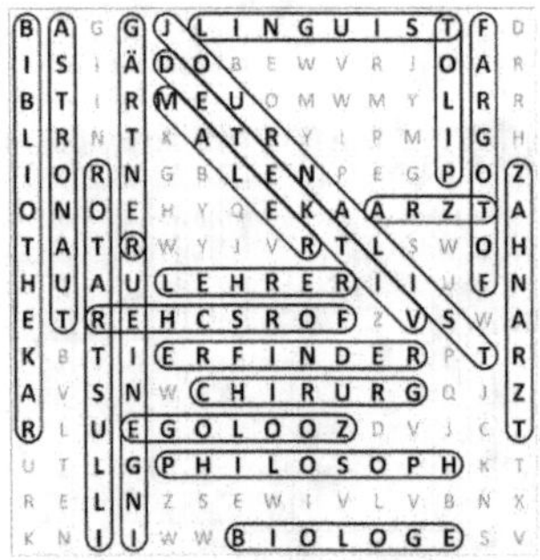

71 - Les Abeilles

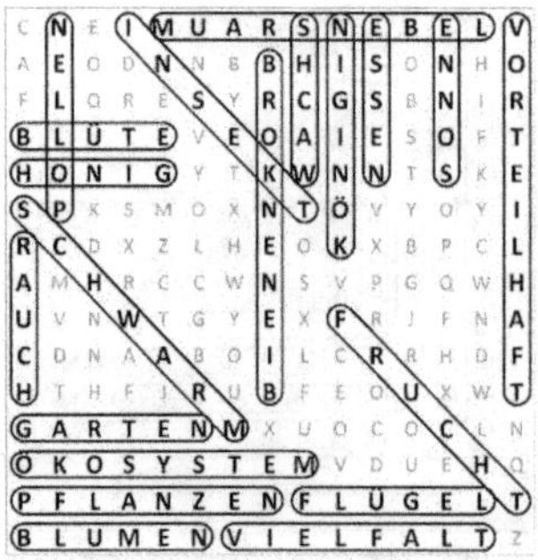

72 - Santé et Bien Être #2

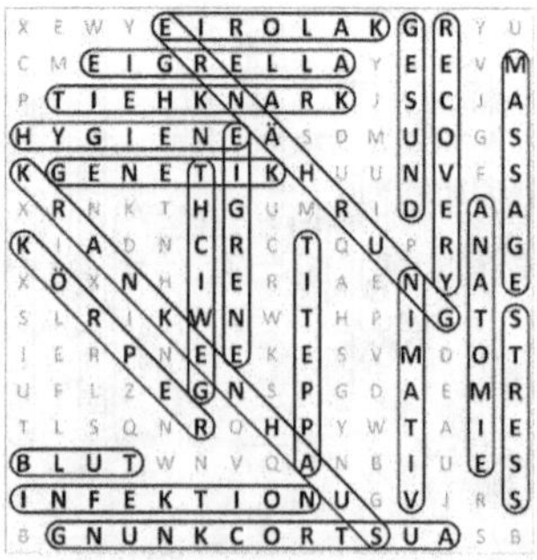

73 - Conduite

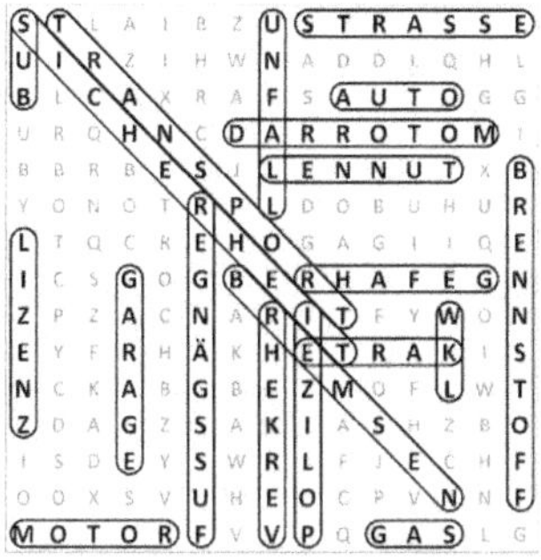

74 - Plantes

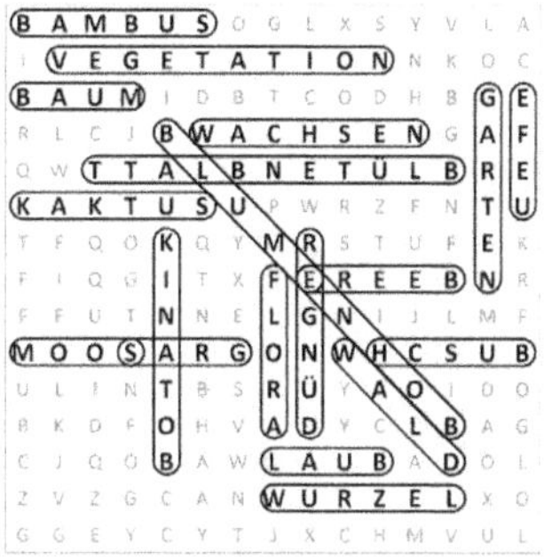

75 - Ferme #2

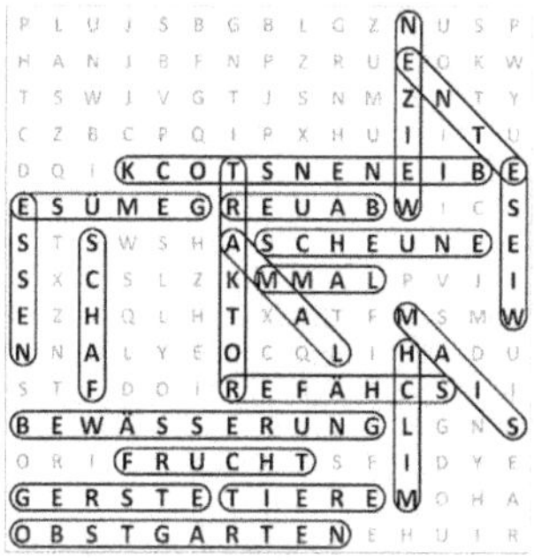

76 - Vacances #2

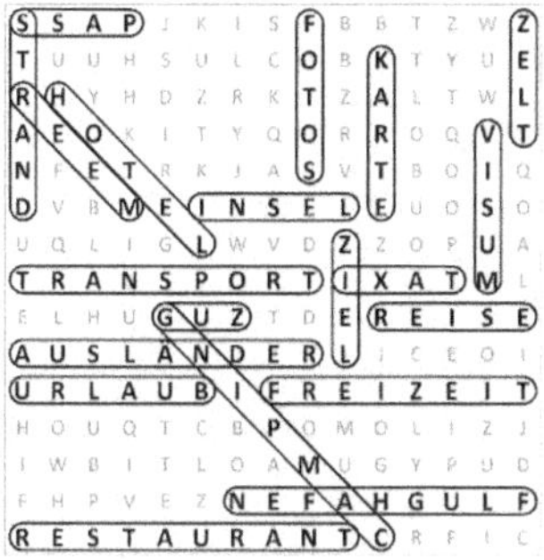

77 - Temps

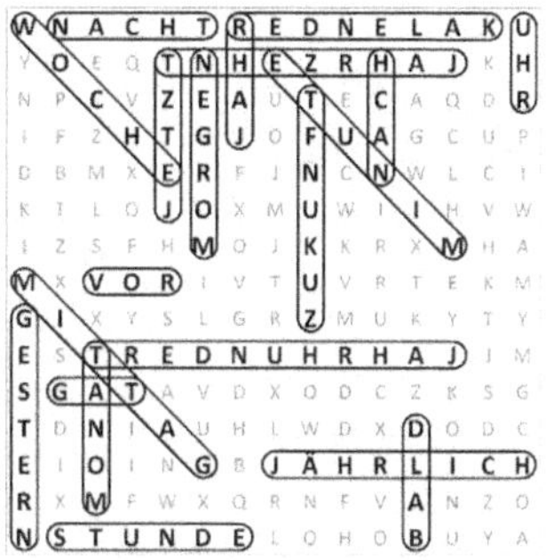

78 - Maison

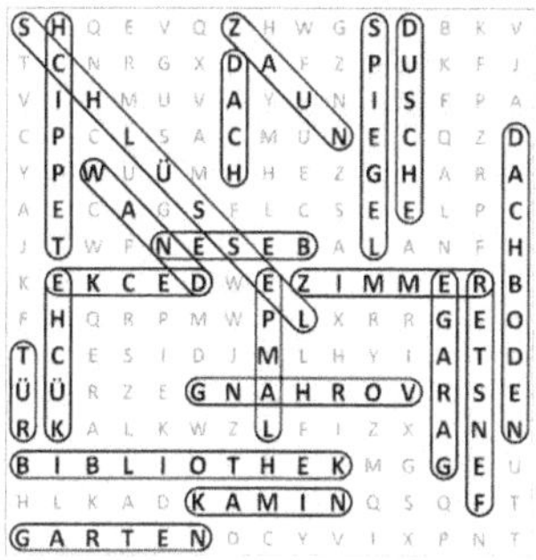

79 - Légumes

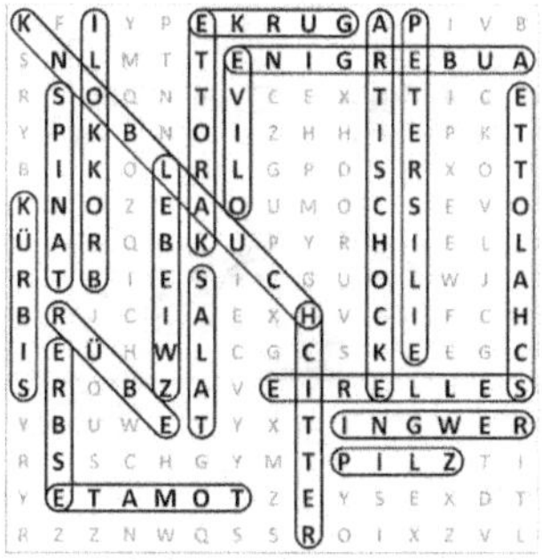

80 - Famille

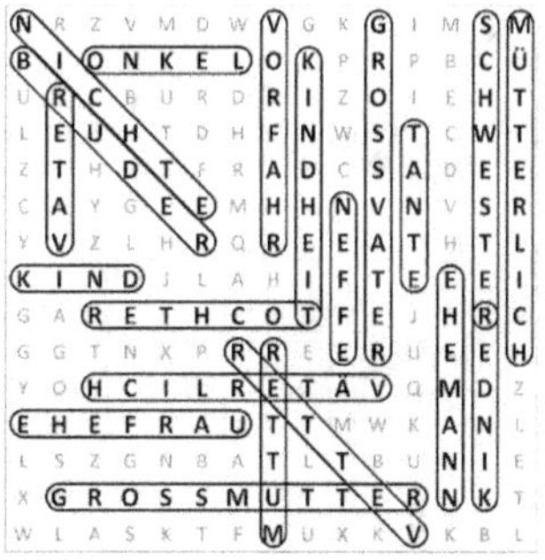

81 - Oiseaux

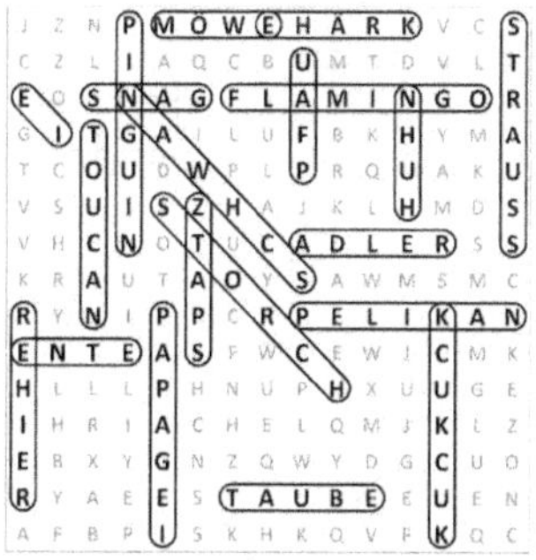

82 - Disciplines Scientifiques

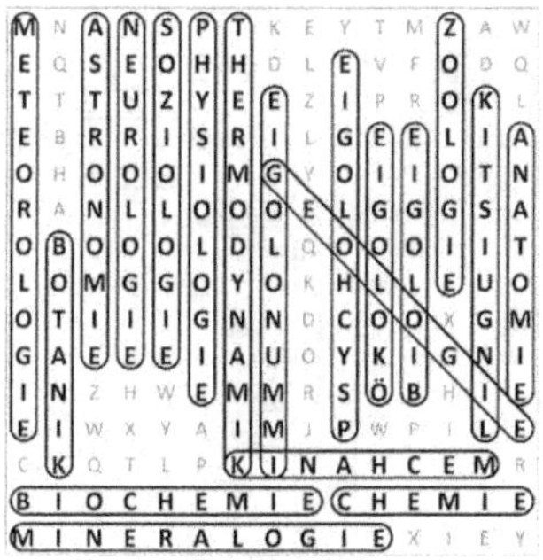

83 - Maladie

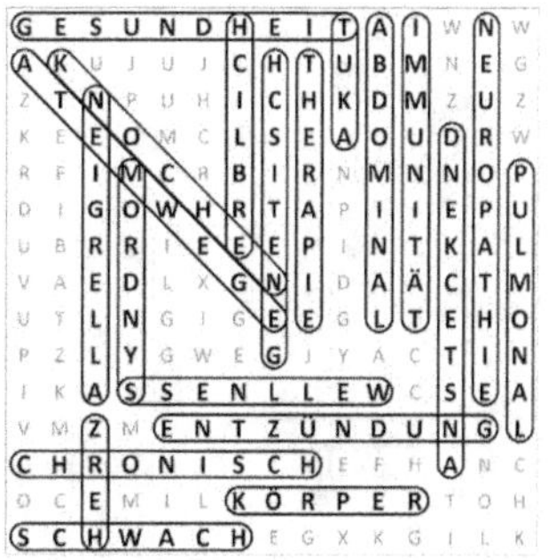

84 - Émotions

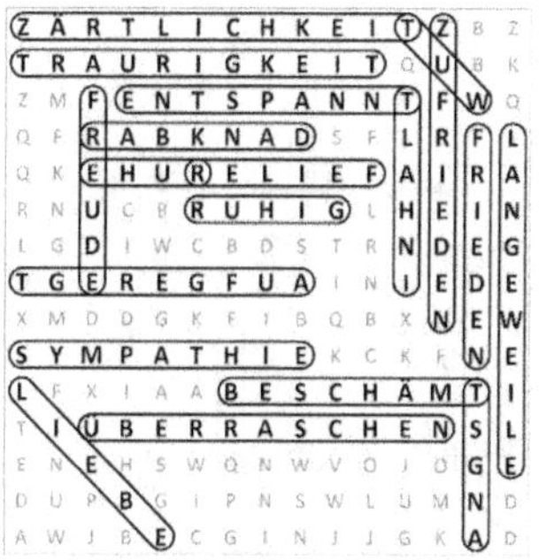

85 - Univers

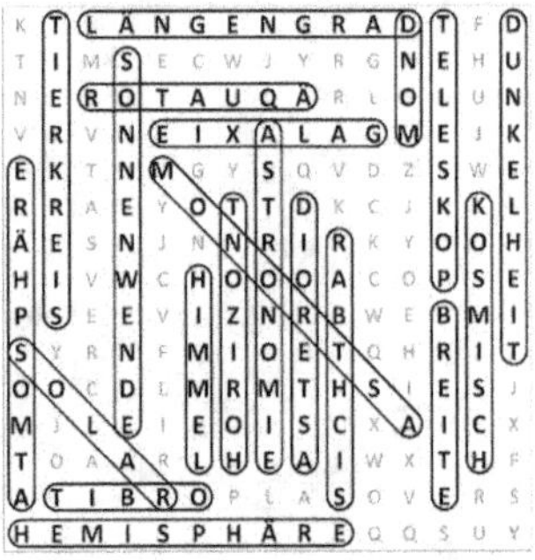

86 - Géographie

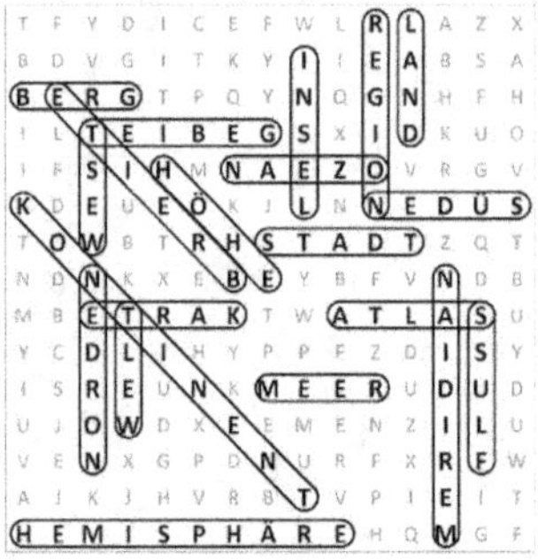

87 - Danse

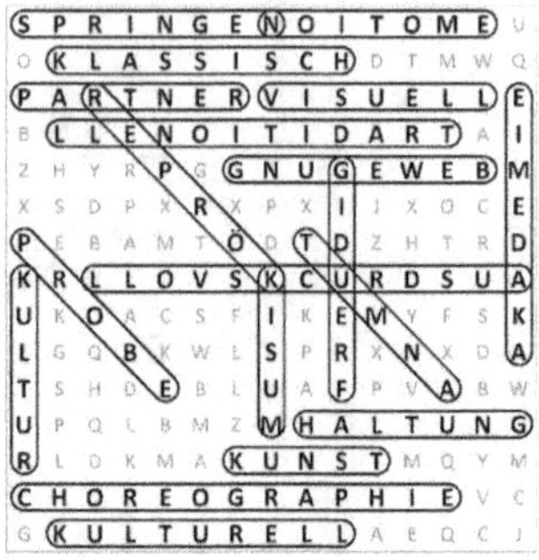

88 - Bâtiments

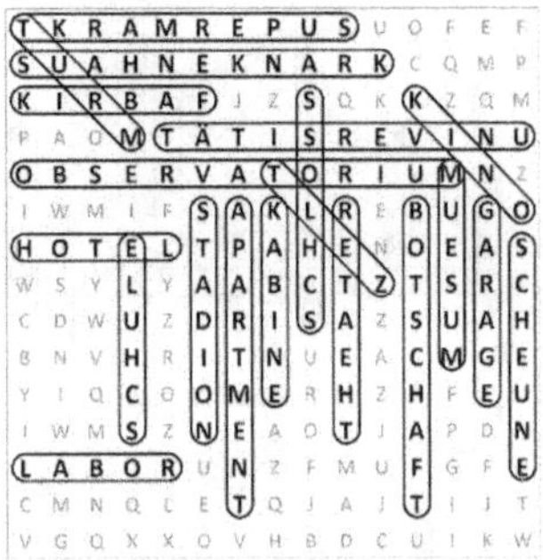

89 - Activités et Loisirs

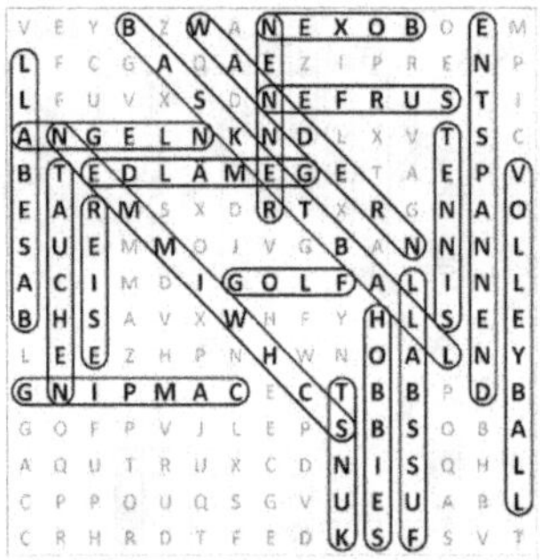

90 - Livres

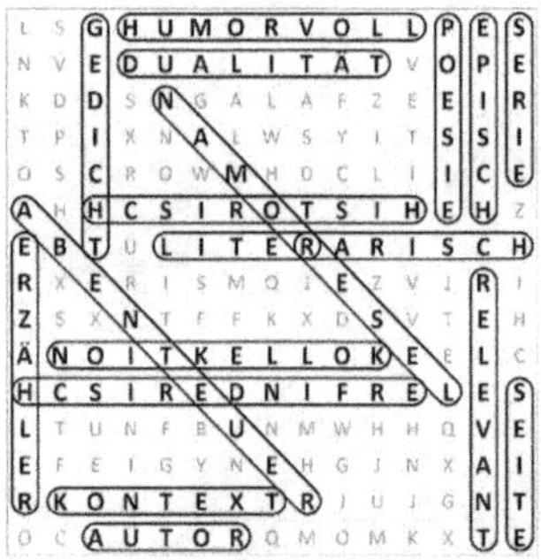

91 - Pays #2

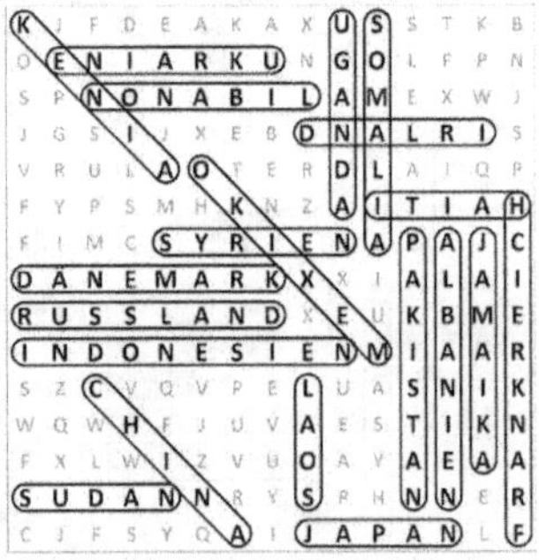

92 - Eau

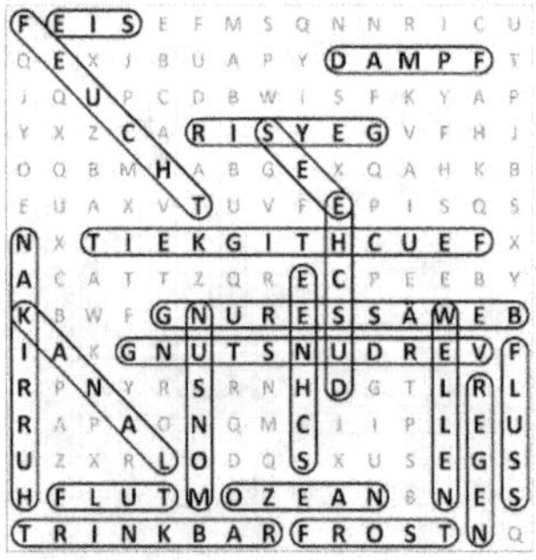

93 - Jazz

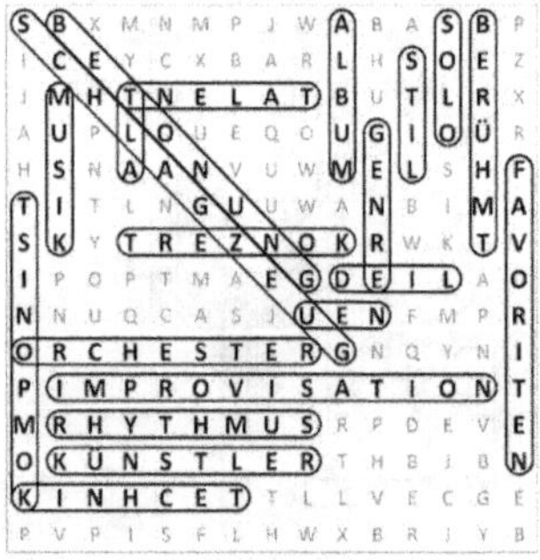

94 - Paysages

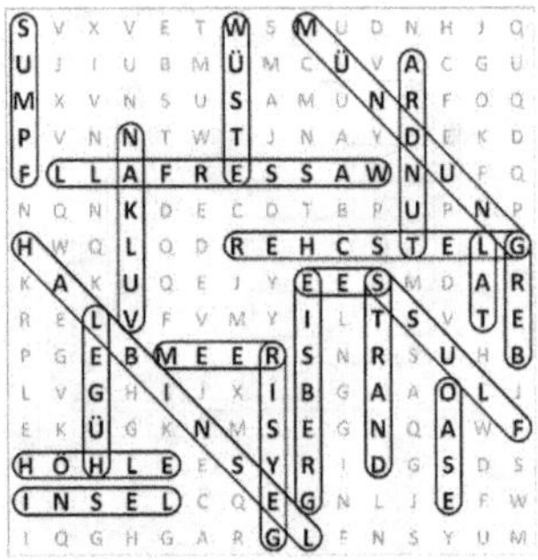

95 - Pays #1

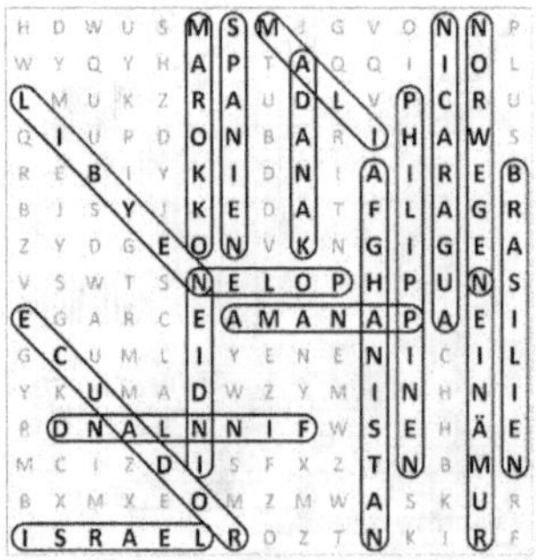

96 - Nombres

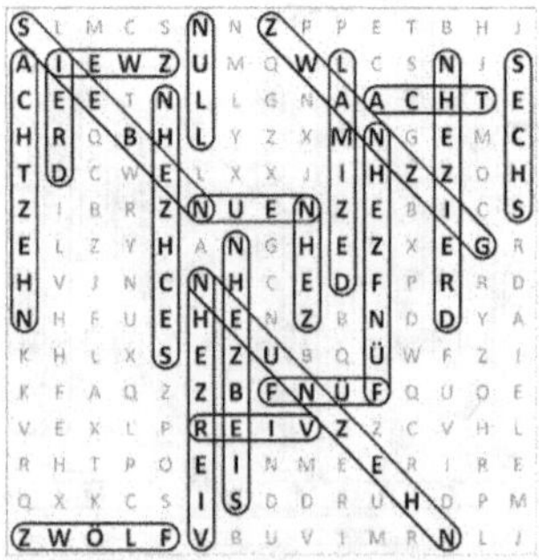

97 - Nature

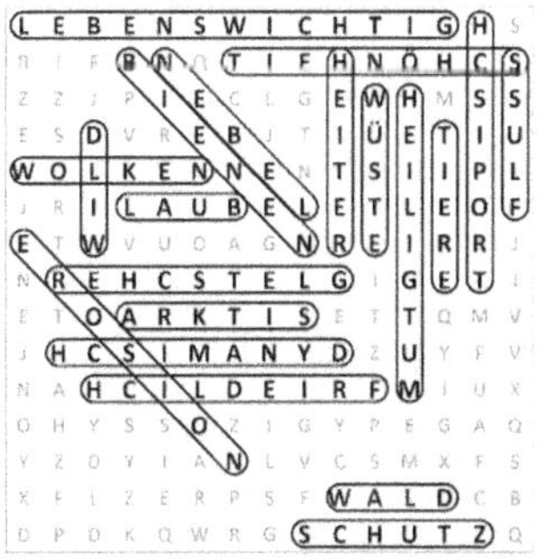

98 - Chimie

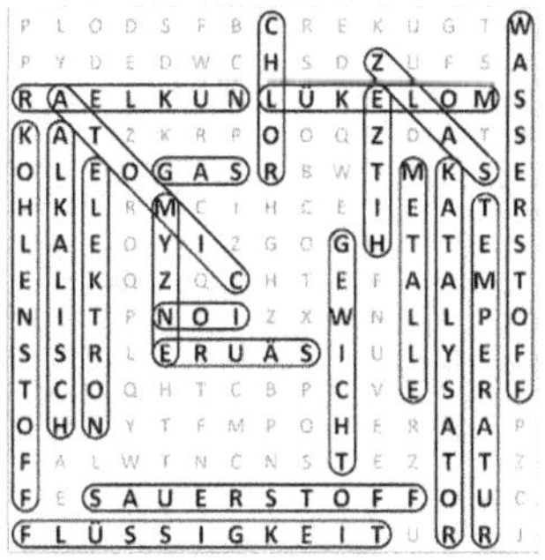

99 - Bateaux

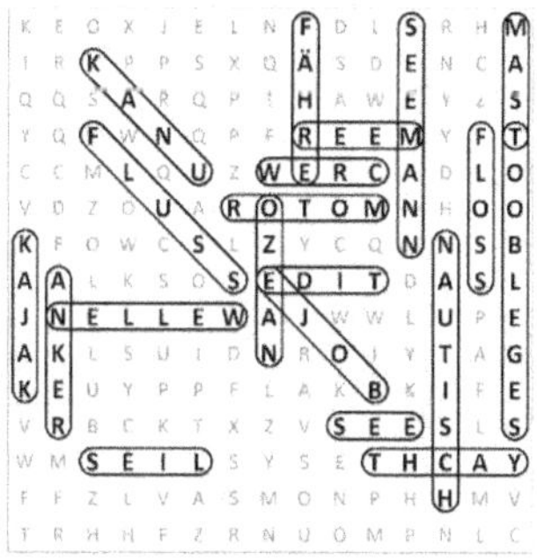

100 - Mesures

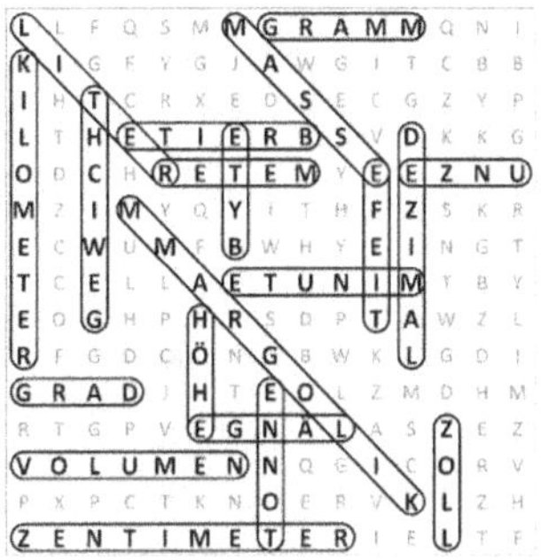

Dictionnaire

Activités
Aktivitäten

Activité	Aktivität
Art	Kunst
Artisanat	Kunsthandwerk
Camping	Camping
Céramique	Keramik
Chasse	Jagd
Compétence	Fähigkeit
Couture	Nähen
Intérêts	Interessen
Jardinage	Gartenarbeit
Jeux	Spiele
Lecture	Lesen
Loisir	Freizeit
Magie	Magie
Peinture	Gemälde
Pêche	Angeln
Photographie	Fotografie
Plaisir	Vergnügen
Randonnée	Wandern
Relaxation	Entspannung

Activités et Loisirs
Aktivitäten und Freizeit

Art	Kunst
Base-Ball	Baseball
Basket-Ball	Basketball
Boxe	Boxen
Camping	Camping
Course	Rennen
Football	Fussball
Golf	Golf
Jardinage	Gartenarbeit
Nager	Schwimmen
Passe-Temps	Hobbies
Peinture	Gemälde
Pêche	Angeln
Plongée	Tauchen
Randonnée	Wandern
Relaxant	Entspannend
Surf	Surfen
Tennis	Tennis
Volley-Ball	Volleyball
Voyage	Reise

Adjectifs #1
Adjektive #1

Absolu	Absolut
Actif	Aktiv
Ambitieux	Ehrgeizig
Aromatique	Aromatisch
Artistique	Künstlerisch
Attractif	Attraktiv
Beau	Schön
Exotique	Exotisch
Énorme	Riesig
Généreux	Grosszügig
Honnête	Ehrlich
Identique	Identisch
Important	Wichtig
Innocent	Unschuldig
Jeune	Jung
Lent	Langsam
Lourd	Schwer
Mince	Dünn
Moderne	Modern
Parfait	Perfekt

Adjectifs #2
Adjektive #2

Authentique	Authentisch
Célèbre	Berühmt
Chaud	Heiss
Créatif	Kreativ
Descriptif	Beschreibend
Doué	Begabt
Dramatique	Dramatisch
Élégant	Elegant
Fier	Stolz
Fort	Stark
Intéressant	Interessant
Naturel	Natürlich
Nouveau	Neu
Productif	Produktiv
Pur	Rein
Sain	Gesund
Salé	Salzig
Sauvage	Wild
Sec	Trocken
Somnolent	Schläfrig

Agronomie
Agronomie

Croissance	Wachstum
Durable	Nachhaltig
Eau	Wasser
Engrais	Dünger
Environnement	Umwelt
Écologie	Ökologie
Énergie	Energie
Érosion	Erosion
Étude	Studie
Graines	Saat
Légumes	Gemüse
Maladies	Krankheit
Nourriture	Essen
Pollution	Verschmutzung
Production	Produktion
Recherche	Forschung
Rural	Ländlich
Science	Wissenschaft
Sol	Boden
Systèmes	Systeme

Algèbre
Algebra

Diagramme	Diagramm
Exposant	Exponent
Équation	Gleichung
Facteur	Faktor
Faux	Falsch
Formule	Formel
Fraction	Bruchteil
Graphique	Graph
Infini	Unendlich
Linéaire	Linear
Matrice	Matrix
Nombre	Nummer
Parenthèse	Klammern
Problème	Problem
Quantité	Menge
Simplifier	Vereinfachen
Solution	Lösung
Soustraction	Subtraktion
Variable	Variable
Zéro	Null

Antarctique
Antarktis

Baie	Bucht
Baleines	Wale
Chercheur	Forscher
Conservation	Erhaltung
Continent	Kontinent
Eau	Wasser
Environnement	Umwelt
Expédition	Expedition
Géographie	Geographie
Glace	Eis
Glaciers	Gletscher
Îles	Inseln
Migration	Migration
Minéraux	Mineralien
Nuage	Wolken
Oiseaux	Vögel
Péninsule	Halbinsel
Rocheux	Felsig
Température	Temperatur
Topographie	Topographie

Antiquités
Antiquitäten

Art	Kunst
Authentique	Authentisch
Bijoux	Schmuck
Condition	Zustand
Décoratif	Dekorativ
Enchères	Versteigerung
Élégant	Elegant
Galerie	Galerie
Inhabituel	Ungewöhnlich
Investissement	Investition
Meubles	Möbel
Peintures	Gemälde
Pièces	Münzen
Prix	Preis
Qualité	Qualität
Sculpture	Skulptur
Siècle	Jahrhundert
Style	Stil
Valeur	Wert
Vieux	Alt

Archéologie
Archäologie

Analyse	Analyse
Ancien	Uralt
Antiquité	Antiquität
Chercheur	Forscher
Civilisation	Zivilisation
Descendant	Nachkomme
Expert	Experte
Ère	Ära
Équipe	Mannschaft
Évaluation	Auswertung
Fossile	Fossil
Inconnu	Unbekannt
Mystère	Geheimnis
Objets	Objekte
Os	Knochen
Oublié	Vergessen
Professeur	Professor
Relique	Relikt
Temple	Tempel
Tombe	Grab

Arts Visuels
Bildende Kunst

Architecture	Architektur
Argile	Ton
Artiste	Künstler
Céramique	Keramik
Charbon	Holzkohle
Chef-D'Œuvre	Meisterwerk
Chevalet	Staffelei
Cire	Wachs
Craie	Kreide
Crayon	Bleistift
Créativité	Kreativität
Film	Film
Peinture	Gemälde
Perspective	Perspektive
Photographie	Foto
Pochoir	Schablone
Portrait	Porträt
Sculpture	Skulptur
Stylo	Stift
Vernis	Lack

Astronomie
Astronomie

Astéroïde	Asteroid
Astronaute	Astronaut
Astronome	Astronom
Ciel	Himmel
Constellation	Konstellation
Cosmos	Kosmos
Éclipse	Finsternis
Fusée	Rakete
Galaxie	Galaxie
Lune	Mond
Météore	Meteor
Nébuleuse	Nebel
Observatoire	Observatorium
Planète	Planet
Radiation	Strahlung
Satellite	Satellit
Solaire	Solar
Supernova	Supernova
Terre	Erde
Univers	Universum

Aventure
Abenteuer

Activité	Aktivität
Beauté	Schönheit
Bravoure	Tapferkeit
Chance	Chance
Dangereux	Gefährlich
Destination	Ziel
Difficulté	Schwierigkeit
Enthousiasme	Begeisterung
Excursion	Ausflug
Inhabituel	Ungewöhnlich
Itinéraire	Route
Joie	Freude
Nature	Natur
Navigation	Navigation
Nouveau	Neu
Opportunité	Gelegenheit
Préparation	Vorbereitung
Sécurité	Sicherheit
Surprenant	Überraschend
Voyages	Reisen

Avions
Flugzeuge

Air	Luft
Atmosphère	Atmosphäre
Atterrissage	Landung
Aventure	Abenteuer
Ballon	Ballon
Carburant	Brennstoff
Ciel	Himmel
Construction	Konstruktion
Descente	Abstieg
Direction	Richtung
Équipage	Crew
Gonfler	Aufblasen
Hauteur	Höhe
Hélices	Propeller
Histoire	Geschichte
Hydrogène	Wasserstoff
Moteur	Motor
Passager	Passagier
Pilote	Pilot
Turbulence	Turbulenz

Ballet
Ballett

Applaudissement	Applaus
Artistique	Künstlerisch
Ballerine	Ballerina
Chorégraphie	Choreographie
Compétence	Fähigkeit
Compositeur	Komponist
Danseurs	Tänzer
Expressif	Ausdrucksvoll
Geste	Geste
Gracieux	Anmutig
Intensité	Intensität
Muscles	Muskel
Musique	Musik
Orchestre	Orchester
Public	Publikum
Répétition	Probe
Rythme	Rhythmus
Solo	Solo
Style	Stil
Technique	Technik

Barbecues
Barbecues

Chaud	Heiss
Couteaux	Messer
Déjeuner	Mittagessen
Dîner	Abendessen
Enfants	Kinder
Été	Sommer
Faim	Hunger
Famille	Familie
Fruit	Frucht
Gril	Grill
Jeux	Spiele
Légumes	Gemüse
Musique	Musik
Oignons	Zwiebeln
Poivre	Pfeffer
Poulet	Huhn
Salades	Salate
Sauce	Sosse
Sel	Salz
Tomates	Tomaten

Bateaux
Boote

Ancre	Anker
Bouée	Boje
Canoë	Kanu
Corde	Seil
Équipage	Crew
Ferry	Fähre
Fleuve	Fluss
Kayak	Kajak
Lac	See
Marée	Tide
Marin	Seemann
Mât	Mast
Mer	Meer
Moteur	Motor
Nautique	Nautisch
Océan	Ozean
Radeau	Floss
Vagues	Wellen
Voilier	Segelboot
Yacht	Yacht

Bâtiments
Gebäude

Ambassade	Botschaft
Appartement	Apartment
Cabine	Kabine
Château	Schloss
Cinéma	Kino
École	Schule
Garage	Garage
Grange	Scheune
Hôpital	Krankenhaus
Hôtel	Hotel
Laboratoire	Labor
Musée	Museum
Observatoire	Observatorium
Stade	Stadion
Supermarché	Supermarkt
Tente	Zelt
Théâtre	Theater
Tour	Turm
Université	Universität
Usine	Fabrik

Beauté
Schönheit

Boucles	Locken
Charme	Charme
Ciseaux	Schere
Cosmétique	Kosmetik
Couleur	Farbe
Élégance	Eleganz
Élégant	Elegant
Grâce	Anmut
Huiles	Öle
Lisse	Glatt
Mascara	Wimperntusche
Miroir	Spiegel
Parfum	Duft
Peau	Haut
Photogénique	Fotogen
Produits	Produkte
Rouge à Lèvres	Lippenstift
Shampooing	Shampoo
Styliste	Stylist

Biologie

Biologie

Anatomie	Anatomie
Bactéries	Bakterien
Cellule	Zelle
Chromosome	Chromosom
Collagène	Kollagen
Embryon	Embryo
Enzyme	Enzym
Évolution	Evolution
Hormone	Hormon
Mammifère	Säugetier
Mutation	Mutation
Naturel	Natürlich
Nerf	Nerv
Neurone	Neuron
Osmose	Osmose
Photosynthèse	Photosynthese
Protéine	Protein
Reptile	Reptil
Symbiose	Symbiose
Synapse	Synapse

Boxe

Boxen

Adversaire	Gegner
Blessures	Verletzungen
Cloche	Glocke
Coin	Ecke
Combattant	Kämpfer
Compétence	Fähigkeit
Concentrer	Fokus
Cordes	Seile
Corps	Körper
Coude	Ellbogen
Coup	Kick
Épuisé	Erschöpft
Force	Stärke
Gants	Handschuhe
Menton	Kinn
Poing	Faust
Points	Punkte
Rapide	Schnell
Récupération	Recovery

Café

Kaffee

Acide	Sauer
Amer	Bitter
Arôme	Aroma
Boisson	Getränk
Caféine	Koffein
Crème	Creme
Eau	Wasser
Filtre	Filter
Lait	Milch
Liquide	Flüssigkeit
Matin	Morgen
Moudre	Mahlen
Noir	Schwarz
Origine	Ursprung
Prix	Preis
Rôti	Geröstet
Saveur	Geschmack
Sucre	Zucker
Tasse	Tasse
Variété	Vielfalt

Camping

Camping

Animaux	Tiere
Aventure	Abenteuer
Boussole	Kompass
Cabine	Kabine
Canoë	Kanu
Carte	Karte
Chapeau	Hut
Chasse	Jagd
Corde	Seil
Équipement	Ausrüstung
Feu	Feuer
Forêt	Wald
Hamac	Hängematte
Insecte	Insekt
Lac	See
Lanterne	Laterne
Lune	Mond
Montagne	Berg
Nature	Natur
Tente	Zelt

Chimie

Chemie

Acide	Säure
Alcalin	Alkalisch
Atomique	Atomic
Carbone	Kohlenstoff
Catalyseur	Katalysator
Chaleur	Hitze
Chlore	Chlor
Enzyme	Enzym
Électron	Elektron
Gaz	Gas
Hydrogène	Wasserstoff
Ion	Ion
Liquide	Flüssigkeit
Métaux	Metalle
Molécule	Molekül
Nucléaire	Nuklear
Oxygène	Sauerstoff
Poids	Gewicht
Sel	Salz
Température	Temperatur

Chocolat

Schokolade

Amer	Bitter
Antioxydant	Antioxidans
Arôme	Aroma
Artisanal	Handwerklich
Cacahuètes	Erdnüsse
Cacao	Kakao
Calories	Kalorien
Caramel	Karamell
Délicieux	Köstlich
Doux	Süss
Envie	Verlangen
Exotique	Exotisch
Favori	Favorit
Ingrédient	Zutat
Noix de Coco	Kokosnuss
Poudre	Pulver
Qualité	Qualität
Recette	Rezept
Saveur	Geschmack
Sucre	Zucker

Conduite
Fahren

Accident	Unfall
Bus	Bus
Camion	Lkw
Carburant	Brennstoff
Carte	Karte
Danger	Gefahr
Freins	Bremsen
Garage	Garage
Gaz	Gas
Licence	Lizenz
Moteur	Motor
Moto	Motorrad
Piéton	Fussgänger
Police	Polizei
Route	Strasse
Sécurité	Sicherheit
Trafic	Verkehr
Transport	Transport
Tunnel	Tunnel
Voiture	Auto

Corps Humain
Menschlicher Körper

Bouche	Mund
Cerveau	Gehirn
Cheville	Knöchel
Cou	Hals
Coude	Ellbogen
Cœur	Herz
Doigt	Finger
Estomac	Magen
Épaule	Schulter
Genou	Knie
Lèvres	Lippen
Main	Hand
Mâchoire	Kiefer
Menton	Kinn
Nez	Nase
Oreille	Ohr
Peau	Haut
Sang	Blut
Tête	Kopf
Visage	Gesicht

Couleurs
Farben

Azur	Azurblau
Beige	Beige
Blanc	Weiss
Bleu	Blau
Cramoisi	Purpur
Cyan	Zyan
Fuchsia	Fuchsie
Gris	Grau
Indigo	Indigo
Jaune	Gelb
Magenta	Magenta
Marron	Braun
Noir	Schwarz
Orange	Orange
Rose	Rosa
Rouge	Rot
Sépia	Sepia
Vert	Grün
Violet	Lila

Créativité
Kreativität

Artistique	Künstlerisch
Authenticité	Authentizität
Clarté	Klarheit
Compétence	Fähigkeit
Dramatique	Dramatisch
Expression	Ausdruck
Fluidité	Flüssigkeit
Idées	Ideen
Image	Bild
Imagination	Phantasie
Impression	Eindruck
Inspiration	Inspiration
Intensité	Intensität
Intuition	Intuition
Inventif	Erfinderisch
Sensation	Sensation
Sentiments	Gefühle
Spontané	Spontan
Visions	Visionen
Vitalité	Vitalität

Danse
Tanzen

Académie	Akademie
Art	Kunst
Chorégraphie	Choreographie
Classique	Klassisch
Corps	Körper
Culture	Kultur
Culturel	Kulturell
Expressif	Ausdrucksvoll
Émotion	Emotion
Grâce	Anmut
Joyeux	Freudig
Mouvement	Bewegung
Musique	Musik
Partenaire	Partner
Posture	Haltung
Répétition	Probe
Rythme	Rhythmus
Saut	Springen
Traditionnel	Traditionell
Visuel	Visuell

Diplomatie
Diplomatie

Allié	Verbündete
Ambassade	Botschaft
Ambassadeur	Botschafter
Citoyens	Bürger
Communauté	Gemeinschaft
Conflit	Konflikt
Conseiller	Berater
Diplomatique	Diplomatisch
Discussion	Diskussion
Éthique	Ethik
Étranger	Ausländisch
Gouvernement	Regierung
Humanitaire	Humanitär
Intégrité	Integrität
Justice	Gerechtigkeit
Politique	Politik
Résolution	Auflösung
Sécurité	Sicherheit
Solution	Lösung
Traité	Vertrag

Disciplines Scientifiques
Wissenschaftliche Disziplinen

Anatomie	Anatomie
Archéologie	Archäologie
Astronomie	Astronomie
Biochimie	Biochemie
Biologie	Biologie
Botanique	Botanik
Chimie	Chemie
Écologie	Ökologie
Géologie	Geologie
Immunologie	Immunologie
Linguistique	Linguistik
Mécanique	Mechanik
Météorologie	Meteorologie
Minéralogie	Mineralogie
Neurologie	Neurologie
Physiologie	Physiologie
Psychologie	Psychologie
Sociologie	Soziologie
Thermodynamique	Thermodynamik
Zoologie	Zoologie

Eau
Wasser

Canal	Kanal
Douche	Dusche
Évaporation	Verdunstung
Fleuve	Fluss
Gel	Frost
Geyser	Geysir
Glace	Eis
Humide	Feucht
Humidité	Feuchtigkeit
Inondation	Flut
Irrigation	Bewässerung
Lac	See
Mousson	Monsun
Neige	Schnee
Océan	Ozean
Ouragan	Hurrikan
Pluie	Regen
Potable	Trinkbar
Vagues	Wellen
Vapeur	Dampf

Entreprise
Geschäft

Argent	Geld
Boutique	Geschäft
Budget	Budget
Bureau	Büro
Carrière	Karriere
Coût	Kosten
Devise	Währung
Employeur	Arbeitgeber
Employé	Mitarbeiter
Entreprise	Firma
Économie	Wirtschaft
Finance	Finanzieren
Impôts	Steuern
Investissement	Investition
Marchandise	Ware
Profit	Gewinn
Revenu	Einkommen
Transaction	Transaktion
Usine	Fabrik
Vente	Verkauf

Échecs
Schach

Adversaire	Gegner
Apprendre	Lernen
Blanc	Weiss
Champion	Champion
Concours	Wettbewerb
Diagonal	Diagonal
Intelligent	Klug
Jeu	Spiel
Joueur	Spieler
Noir	Schwarz
Passif	Passiv
Points	Punkte
Reine	Königin
Règles	Regeln
Roi	König
Sacrifice	Opfer
Stratégie	Strategie
Temps	Zeit
Tournoi	Turnier

Écologie
Ökologie

Bénévoles	Freiwillige
Climat	Klima
Communautés	Gemeinschaft
Diversité	Vielfalt
Durable	Nachhaltig
Espèce	Art
Faune	Fauna
Flore	Flora
Global	Global
Habitat	Lebensraum
Marais	Sumpf
Marin	Marine
Montagnes	Berge
Nature	Natur
Naturel	Natürlich
Plantes	Pflanzen
Ressources	Ressourcen
Sécheresse	Dürre
Survie	Überleben
Végétation	Vegetation

Électricité
Elektrizität

Aimant	Magnet
Batterie	Batterie
Câble	Kabel
Électricien	Elektriker
Électrique	Elektrisch
Équipement	Ausrüstung
Fils	Drähte
Générateur	Generator
Lampe	Lampe
Laser	Laser
Négatif	Negativ
Objets	Objekte
Positif	Positiv
Prise	Steckdose
Quantité	Menge
Réseau	Netzwerk
Stockage	Lagerung
Téléphone	Telefon
Télévision	Fernsehen

Émotions
Emotionen

Amour	Liebe
Calme	Ruhig
Colère	Wut
Contenu	Inhalt
Détendu	Entspannt
Embarrassé	Beschämt
Ennui	Langeweile
Excité	Aufgeregt
Joie	Freude
Paix	Frieden
Peur	Angst
Reconnaissant	Dankbar
Relief	Relief
Satisfait	Zufrieden
Surprise	Überraschen
Sympathie	Sympathie
Tendresse	Zärtlichkeit
Tranquillité	Ruhe
Tristesse	Traurigkeit

Énergie
Energie

Batterie	Batterie
Carbone	Kohlenstoff
Carburant	Brennstoff
Chaleur	Hitze
Diesel	Diesel
Entropie	Entropie
Environnement	Umwelt
Essence	Benzin
Électrique	Elektrisch
Électron	Elektron
Hydrogène	Wasserstoff
Industrie	Industrie
Moteur	Motor
Nucléaire	Nuklear
Photon	Photon
Pollution	Verschmutzung
Renouvelable	Erneuerbar
Soleil	Sonne
Turbine	Turbine
Vent	Wind

Épices
Gewürze

Aigre	Sauer
Ail	Knoblauch
Amer	Bitter
Anis	Anis
Cannelle	Zimt
Cardamome	Kardamom
Coriandre	Koriander
Cumin	Kreuzkümmel
Curry	Curry
Fenouil	Fenchel
Gingembre	Ingwer
Muscade	Muskatnuss
Oignon	Zwiebel
Paprika	Paprika
Poivre	Pfeffer
Réglisse	Lakritze
Safran	Safran
Saveur	Geschmack
Sel	Salz
Vanille	Vanille

Famille
Familie

Ancêtre	Vorfahr
Cousin	Vetter
Enfance	Kindheit
Enfant	Kind
Enfants	Kinder
Femme	Ehefrau
Fille	Tochter
Frère	Bruder
Grand-Mère	Grossmutter
Grand-Père	Grossvater
Mari	Ehemann
Maternel	Mütterlich
Mère	Mutter
Neveu	Neffe
Nièce	Nichte
Oncle	Onkel
Paternel	Väterlich
Père	Vater
Soeur	Schwester
Tante	Tante

Ferme #1
Bauernhof #1

Abeille	Biene
Âne	Esel
Bison	Bison
Champ	Feld
Chat	Katze
Cheval	Pferd
Chèvre	Ziege
Chien	Hund
Clôture	Zaun
Cochon	Schwein
Corbeau	Krähe
Eau	Wasser
Engrais	Dünger
Foin	Heu
Miel	Honig
Poulet	Huhn
Riz	Reis
Troupeau	Herde
Vache	Kuh
Veau	Kalb

Ferme #2
Bauernhof #2

Agneau	Lamm
Agriculteur	Bauer
Animaux	Tiere
Berger	Schäfer
Blé	Weizen
Canard	Ente
Fruit	Frucht
Grange	Scheune
Irrigation	Bewässerung
Lait	Milch
Lama	Lama
Légume	Gemüse
Maïs	Mais
Mouton	Schaf
Nourriture	Essen
Orge	Gerste
Pré	Wiese
Ruche	Bienenstock
Tracteur	Traktor
Verger	Obstgarten

Fleurs
Blumen

Bouquet	Strauss
Gardénia	Gardenie
Hibiscus	Hibiskus
Jasmin	Jasmin
Lavande	Lavendel
Lilas	Lila
Lys	Lilie
Magnolia	Magnolie
Marguerite	Gänseblümchen
Orchidée	Orchidee
Passiflore	Passionsblume
Pavot	Mohn
Pétale	Blütenblatt
Pissenlit	Löwenzahn
Pivoine	Pfingstrose
Plumeria	Plumeria
Rose	Rose
Tournesol	Sonnenblume
Trèfle	Klee
Tulipe	Tulpe

Formes
Formen

Arc	Bogen
Bords	Kanten
Carré	Quadrat
Cercle	Kreis
Coin	Ecke
Courbe	Kurve
Cône	Kegel
Côté	Seite
Cube	Würfel
Cylindre	Zylinder
Ellipse	Ellipse
Hyperbole	Hyperbel
Ligne	Linie
Ovale	Oval
Polygone	Polygon
Prisme	Prisma
Pyramide	Pyramide
Rectangle	Rechteck
Sphère	Kugel
Triangle	Dreieck

Fruit
Obst

Abricot	Aprikose
Ananas	Ananas
Avocat	Avocado
Baie	Beere
Banane	Banane
Cerise	Kirsche
Citron	Zitrone
Figue	Feige
Framboise	Himbeere
Goyave	Guave
Kiwi	Kiwi
Mangue	Mango
Melon	Melone
Nectarine	Nektarine
Orange	Orange
Papaye	Papaya
Pêche	Pfirsich
Poire	Birne
Pomme	Apfel
Raisin	Traube

Géographie
Geographie

Altitude	Höhe
Atlas	Atlas
Carte	Karte
Continent	Kontinent
Fleuve	Fluss
Hémisphère	Hemisphäre
Île	Insel
Latitude	Breite
Mer	Meer
Méridien	Meridian
Monde	Welt
Montagne	Berg
Nord	Norden
Océan	Ozean
Ouest	West
Pays	Land
Région	Region
Sud	Süden
Territoire	Gebiet
Ville	Stadt

Géologie
Geologie

Acide	Säure
Calcium	Kalzium
Caverne	Höhle
Continent	Kontinent
Corail	Koralle
Couche	Schicht
Cristaux	Kristalle
Érosion	Erosion
Fondu	Geschmolzen
Fossile	Fossil
Geyser	Geysir
Lave	Lava
Minéraux	Mineralien
Pierre	Stein
Plateau	Plateau
Quartz	Quarz
Sel	Salz
Stalactite	Stalaktit
Volcan	Vulkan
Zone	Zone

Géométrie
Geometrie

Angle	Winkel
Calcul	Berechnung
Cercle	Kreis
Courbe	Kurve
Diamètre	Durchmesser
Dimension	Dimension
Équation	Gleichung
Hauteur	Höhe
Logique	Logik
Masse	Masse
Médian	Median
Nombre	Nummer
Parallèle	Parallel
Proportion	Anteil
Segment	Segment
Surface	Oberfläche
Symétrie	Symmetrie
Théorie	Theorie
Triangle	Dreieck
Vertical	Vertikal

Gouvernement
Regierung

Civil	Zivil
Constitution	Verfassung
Démocratie	Demokratie
Discours	Rede
Discussion	Diskussion
District	Bezirk
Droits	Rechte
Égalité	Gleichheit
État	Staat
Judiciaire	Justiziell
Justice	Gerechtigkeit
Leader	Führer
Liberté	Freiheit
Loi	Gesetz
Monument	Denkmal
Nation	Nation
National	National
Paisible	Friedlich
Politique	Politik
Symbole	Symbol

Herboristerie
Kräuterkunde

Ail	Knoblauch
Aromatique	Aromatisch
Basilic	Basilikum
Bénéfique	Vorteilhaft
Culinaire	Kulinarisch
Estragon	Estragon
Fenouil	Fenchel
Fleur	Blume
Ingrédient	Zutat
Jardin	Garten
Lavande	Lavendel
Marjolaine	Majoran
Menthe	Minze
Persil	Petersilie
Qualité	Qualität
Romarin	Rosmarin
Safran	Safran
Saveur	Geschmack
Thym	Thymian
Vert	Grün

Ingénierie
Ingenieurwesen

Angle	Winkel
Axe	Achse
Calcul	Berechnung
Construction	Konstruktion
Diagramme	Diagramm
Diamètre	Durchmesser
Diesel	Diesel
Distribution	Verteilung
Engrenages	Getriebe
Énergie	Energie
Force	Stärke
Liquide	Flüssigkeit
Machine	Maschine
Mesure	Messung
Moteur	Motor
Profondeur	Tiefe
Propulsion	Antrieb
Rotation	Drehung
Stabilité	Stabilität
Structure	Struktur

Instruments de Musique
Musikinstrumente

Banjo	Banjo
Basson	Fagott
Clarinette	Klarinette
Flûte	Flöte
Gong	Gong
Guitare	Gitarre
Harmonica	Mundharmonika
Harpe	Harfe
Hautbois	Oboe
Mandoline	Mandoline
Marimba	Marimba
Percussion	Schlagzeug
Piano	Klavier
Saxophone	Saxophon
Tambour	Trommel
Tambourin	Tamburin
Trombone	Posaune
Trompette	Trompete
Violon	Geige
Violoncelle	Cello

Jardin
Garten

Arbre	Baum
Banc	Bank
Buisson	Busch
Clôture	Zaun
Étang	Teich
Fleur	Blume
Garage	Garage
Hamac	Hängematte
Herbe	Gras
Jardin	Garten
Mauvaises Herbes	Unkraut
Pelle	Schaufel
Pelouse	Rasen
Porche	Veranda
Râteau	Rechen
Sol	Boden
Terrasse	Terrasse
Trampoline	Trampolin
Tuyau	Schlauch
Verger	Obstgarten

Jardinage
Gartenarbeit

Botanique	Botanisch
Bouquet	Strauss
Climat	Klima
Comestible	Essbar
Compost	Kompost
Eau	Wasser
Espèce	Art
Exotique	Exotisch
Feuillage	Laub
Feuille	Blatt
Fleur	Blüte
Graines	Saat
Humidité	Feuchtigkeit
Récipient	Container
Saisonnier	Saisonal
Saleté	Schmutz
Sol	Boden
Tuyau	Schlauch
Verger	Obstgarten

Jazz
Jazz

Accent	Betonung
Album	Album
Artiste	Künstler
Célèbre	Berühmt
Chanson	Lied
Compositeur	Komponist
Concert	Konzert
Favoris	Favoriten
Genre	Genre
Improvisation	Improvisation
Musique	Musik
Nouveau	Neu
Orchestre	Orchester
Rythme	Rhythmus
Solo	Solo
Style	Stil
Talent	Talent
Tambours	Schlagzeug
Technique	Technik
Vieux	Alt

Jours et Mois
Tage und Monate

Août	August
Avril	April
Calendrier	Kalender
Dimanche	Sonntag
Février	Februar
Janvier	Januar
Jeudi	Donnerstag
Juillet	Juli
Juin	Juni
Lundi	Montag
Mardi	Dienstag
Mars	März
Mercredi	Mittwoch
Mois	Monat
Novembre	November
Octobre	Oktober
Samedi	Samstag
Semaine	Woche
Septembre	September
Vendredi	Freitag

L'Entreprise
Das Unternehmen

Affaires	Geschäft
Créatif	Kreativ
Décision	Entscheidung
Emploi	Beschäftigung
Global	Global
Industrie	Industrie
Innovant	Innovativ
Investissement	Investition
Possibilité	Möglichkeit
Présentation	Präsentation
Produit	Produkt
Professionnel	Professionell
Progrès	Fortschritt
Qualité	Qualität
Ressources	Ressourcen
Revenu	Einnahmen
Réputation	Ruf
Risques	Risiken
Salaire	Löhne
Unités	Einheiten

Les Abeilles
Bienen

Ailes	Flügel
Bénéfique	Vorteilhaft
Cire	Wachs
Diversité	Vielfalt
Essaim	Schwarm
Écosystème	Ökosystem
Fleur	Blüte
Fleurs	Blumen
Fruit	Frucht
Fumée	Rauch
Habitat	Lebensraum
Insecte	Insekt
Jardin	Garten
Miel	Honig
Nourriture	Essen
Plantes	Pflanzen
Pollen	Pollen
Reine	Königin
Ruche	Bienenkorb
Soleil	Sonne

Légumes
Gemüse

Ail	Knoblauch
Artichaut	Artischocke
Aubergine	Aubergine
Brocoli	Brokkoli
Carotte	Karotte
Céleri	Sellerie
Champignon	Pilz
Citrouille	Kürbis
Concombre	Gurke
Échalote	Schalotte
Épinard	Spinat
Gingembre	Ingwer
Navet	Rübe
Oignon	Zwiebel
Olive	Olive
Persil	Petersilie
Pois	Erbse
Radis	Rettich
Salade	Salat
Tomate	Tomate

Littérature
Literatur

Analogie	Analogie
Analyse	Analyse
Anecdote	Anekdote
Auteur	Autor
Biographie	Biographie
Comparaison	Vergleich
Description	Beschreibung
Dialogue	Dialog
Fiction	Fiktion
Métaphore	Metapher
Narrateur	Erzähler
Opinion	Meinung
Poème	Gedicht
Poétique	Poetisch
Rime	Reim
Roman	Roman
Rythme	Rhythmus
Style	Stil
Thème	Thema
Tragédie	Tragödie

Livres
Bücher

Auteur	Autor
Aventure	Abenteuer
Collection	Kollektion
Contexte	Kontext
Dualité	Dualität
Épique	Episch
Histoire	Geschichte
Historique	Historisch
Humoristique	Humorvoll
Inventif	Erfinderisch
Lecteur	Leser
Littéraire	Literarisch
Narrateur	Erzähler
Page	Seite
Pertinent	Relevant
Poème	Gedicht
Poésie	Poesie
Roman	Roman
Série	Serie
Tragique	Tragisch

Maison
Haus

Balai	Besen
Bibliothèque	Bibliothek
Chambre	Zimmer
Cheminée	Kamin
Clés	Schlüssel
Clôture	Zaun
Cuisine	Küche
Douche	Dusche
Fenêtre	Fenster
Garage	Garage
Grenier	Dachboden
Jardin	Garten
Lampe	Lampe
Miroir	Spiegel
Mur	Wand
Plafond	Decke
Porte	Tür
Rideaux	Vorhang
Tapis	Teppich
Toit	Dach

Maladie
Krankheit

Abdominal	Abdominal
Aigu	Akut
Allergies	Allergien
Bien-Être	Wellness
Chronique	Chronisch
Contagieux	Ansteckend
Corps	Körper
Cœur	Herz
Faible	Schwach
Génétique	Genetisch
Héréditaire	Erblich
Immunité	Immunität
Inflammation	Entzündung
Neuropathie	Neuropathie
Os	Knochen
Pulmonaire	Pulmonal
Respiratoire	Atemwege
Santé	Gesundheit
Syndrome	Syndrom
Thérapie	Therapie

Mammifères
Säugetiere

Baleine	Wal
Chat	Katze
Cheval	Pferd
Chien	Hund
Coyote	Kojote
Dauphin	Delfin
Éléphant	Elefant
Girafe	Giraffe
Gorille	Gorilla
Kangourou	Känguru
Lapin	Hase
Lion	Löwe
Loup	Wolf
Mouton	Schaf
Ours	Bär
Renard	Fuchs
Singe	Affe
Taureau	Stier
Tigre	Tiger
Zèbre	Zebra

Mathématiques
Mathematik

Angles	Winkel
Arithmétique	Arithmetik
Carré	Quadrat
Circonférence	Umfang
Décimal	Dezimal
Diamètre	Durchmesser
Exposant	Exponent
Équation	Gleichung
Fraction	Bruchteil
Géométrie	Geometrie
Parallèle	Parallel
Perpendiculaire	Senkrecht
Polygone	Polygon
Rayon	Radius
Rectangle	Rechteck
Somme	Summe
Sphère	Kugel
Symétrie	Symmetrie
Triangle	Dreieck
Volume	Volumen

Mesures
Messungen

Centimètre	Zentimeter
Degré	Grad
Décimal	Dezimal
Gramme	Gramm
Hauteur	Höhe
Kilogramme	Kilogramm
Kilomètre	Kilometer
Largeur	Breite
Litre	Liter
Longueur	Länge
Masse	Masse
Mètre	Meter
Minute	Minute
Octet	Byte
Once	Unze
Poids	Gewicht
Pouce	Zoll
Profondeur	Tiefe
Tonne	Tonne
Volume	Volumen

Méditation
Meditation

Acceptation	Annahme
Apprendre	Lernen
Bonheur	Glück
Calme	Ruhig
Clarté	Klarheit
Compassion	Mitgefühl
Enseignements	Lehre
Esprit	Verstand
Éveillé	Wach
Gratitude	Dankbarkeit
Mental	Geistig
Mouvement	Bewegung
Musique	Musik
Nature	Natur
Paix	Frieden
Pensées	Gedanken
Perspective	Perspektive
Posture	Haltung
Respiration	Atmung
Silence	Stille

Météo
Wetter

Arc-En-Ciel	Regenbogen
Atmosphère	Atmosphäre
Brise	Brise
Brouillard	Nebel
Calme	Ruhig
Ciel	Himmel
Climat	Klima
Glace	Eis
Mousson	Monsun
Nuage	Wolke
Ouragan	Hurrikan
Polaire	Polar
Sec	Trocken
Sécheresse	Dürre
Température	Temperatur
Tempête	Sturm
Tonnerre	Donner
Tornade	Tornado
Tropical	Tropisch
Vent	Wind

Mode
Mode

Abordable	Erschwinglich
Boutique	Boutique
Boutons	Tasten
Broderie	Stickerei
Cher	Teuer
Confortable	Komfortabel
Dentelle	Spitze
Élégant	Elegant
Moderne	Modern
Modeste	Bescheiden
Modèle	Muster
Original	Original
Pratique	Praktisch
Simple	Einfach
Sophistiqué	Anspruchsvoll
Style	Stil
Tendance	Trend
Texture	Textur
Tissu	Stoff
Vêtements	Kleidung

Musique
Musik

Album	Album
Ballade	Ballade
Chanter	Singen
Chanteur	Sänger
Classique	Klassisch
Enregistrement	Aufnahme
Harmonie	Harmonie
Harmonique	Harmonisch
Improviser	Improvisieren
Instrument	Instrument
Lyrique	Lyrisch
Mélodie	Melodie
Microphone	Mikrofon
Musical	Musical
Musicien	Musiker
Opéra	Oper
Poétique	Poetisch
Rythme	Rhythmus
Rythmique	Rhythmisch
Tempo	Tempo

Mythologie
Mythologie

Archétype	Archetyp
Catastrophe	Katastrophe
Comportement	Verhalten
Création	Kreation
Créature	Kreatur
Culture	Kultur
Divinités	Gottheiten
Éclair	Blitz
Force	Stärke
Guerrier	Krieger
Héroïne	Heldin
Héros	Held
Jalousie	Eifersucht
Labyrinthe	Labyrinth
Légende	Legende
Magique	Magisch
Monstre	Monster
Mortel	Sterblich
Tonnerre	Donner
Vengeance	Rache

Nature
Natur

Abeilles	Bienen
Abri	Schutz
Animaux	Tiere
Arctique	Arktis
Beauté	Schönheit
Brouillard	Nebel
Désert	Wüste
Dynamique	Dynamisch
Érosion	Erosion
Feuillage	Laub
Fleuve	Fluss
Forêt	Wald
Glacier	Gletscher
Nuage	Wolken
Paisible	Friedlich
Sanctuaire	Heiligtum
Sauvage	Wild
Serein	Heiter
Tropical	Tropisch
Vital	Lebenswichtig

Nombres
Zahlen

Cinq	Fünf
Deux	Zwei
Décimal	Dezimal
Dix	Zehn
Dix-Huit	Achtzehn
Dix-Neuf	Neunzehn
Dix-Sept	Siebzehn
Douze	Zwölf
Huit	Acht
Neuf	Neun
Quatorze	Vierzehn
Quatre	Vier
Quinze	Fünfzehn
Seize	Sechzehn
Sept	Sieben
Six	Sechs
Treize	Dreizehn
Trois	Drei
Vingt	Zwanzig
Zéro	Null

Nourriture #1
Essen #1

Ail	Knoblauch
Basilic	Basilikum
Café	Kaffee
Cannelle	Zimt
Carotte	Karotte
Citron	Zitrone
Épinard	Spinat
Fraise	Erdbeere
Jus	Saft
Lait	Milch
Navet	Rübe
Oignon	Zwiebel
Orge	Gerste
Poire	Birne
Salade	Salat
Sel	Salz
Soupe	Suppe
Sucre	Zucker
Thon	Thunfisch
Viande	Fleisch

Nourriture #2
Essen #2

Amande	Mandel
Aubergine	Aubergine
Banane	Banane
Blé	Weizen
Brocoli	Brokkoli
Cerise	Kirsche
Céleri	Sellerie
Champignon	Pilz
Chocolat	Schokolade
Jambon	Schinken
Kiwi	Kiwi
Mangue	Mango
Oeuf	Ei
Pain	Brot
Poisson	Fisch
Pomme	Apfel
Poulet	Huhn
Raisin	Traube
Riz	Reis
Tomate	Tomate

Nutrition
Ernährung

Amer	Bitter
Appétit	Appetit
Calories	Kalorien
Comestible	Essbar
Diète	Diät
Digestion	Verdauung
Épices	Gewürze
Équilibré	Ausgewogen
Fermentation	Fermentation
Glucides	Kohlenhydrate
Liquides	Flüssigkeiten
Poids	Gewicht
Protéines	Proteine
Qualité	Qualität
Sain	Gesund
Santé	Gesundheit
Sauce	Sosse
Saveur	Geschmack
Toxine	Toxin
Vitamine	Vitamin

Océan
Ozean

Algue	Seetang
Anguille	Aal
Baleine	Wal
Bateau	Boot
Corail	Koralle
Crabe	Krabbe
Crevette	Garnele
Dauphin	Delfin
Éponge	Schwamm
Huître	Auster
Méduse	Qualle
Poisson	Fisch
Poulpe	Krake
Requin	Hai
Récif	Riff
Sel	Salz
Tempête	Sturm
Thon	Thunfisch
Tortue	Schildkröte
Vagues	Wellen

Oiseaux
Vögel

Aigle	Adler
Autruche	Strauss
Canard	Ente
Cigogne	Storch
Colombe	Taube
Corbeau	Krähe
Coucou	Kuckuck
Cygne	Schwan
Flamant	Flamingo
Héron	Reiher
Manchot	Pinguin
Moineau	Spatz
Mouette	Möwe
Oeuf	Ei
Oie	Gans
Paon	Pfau
Perroquet	Papagei
Pélican	Pelikan
Poulet	Huhn
Toucan	Toucan

Pays #1

Länder #1

Afghanistan	Afghanistan
Allemagne	Deutschland
Argentine	Argentinien
Brésil	Brasilien
Canada	Kanada
Espagne	Spanien
Équateur	Ecuador
Finlande	Finnland
Inde	Indien
Israël	Israel
Libye	Libyen
Mali	Mali
Maroc	Marokko
Nicaragua	Nicaragua
Norvège	Norwegen
Panama	Panama
Philippines	Philippinen
Pologne	Polen
Roumanie	Rumänien
Venezuela	Venezuela

Pays #2

Länder #2

Albanie	Albanien
Chine	China
Danemark	Dänemark
France	Frankreich
Haïti	Haiti
Indonésie	Indonesien
Irlande	Irland
Jamaïque	Jamaika
Japon	Japan
Kenya	Kenia
Laos	Laos
Liban	Libanon
Mexique	Mexiko
Ouganda	Uganda
Pakistan	Pakistan
Russie	Russland
Somalie	Somalia
Soudan	Sudan
Syrie	Syrien
Ukraine	Ukraine

Paysages

Landschaften

Cascade	Wasserfall
Colline	Hügel
Désert	Wüste
Estuaire	Mündung
Fleuve	Fluss
Geyser	Geysir
Glacier	Gletscher
Grotte	Höhle
Iceberg	Eisberg
Île	Insel
Lac	See
Marais	Sumpf
Mer	Meer
Montagne	Berg
Oasis	Oase
Péninsule	Halbinsel
Plage	Strand
Toundra	Tundra
Vallée	Tal
Volcan	Vulkan

Physique

Physik

Atome	Atom
Chaos	Chaos
Chimique	Chemisch
Densité	Dichte
Expansion	Expansion
Électron	Elektron
Formule	Formel
Fréquence	Frequenz
Gaz	Gas
Gravité	Schwerkraft
Magnétisme	Magnetismus
Masse	Masse
Mécanique	Mechanik
Molécule	Molekül
Moteur	Motor
Nucléaire	Nuklear
Particule	Partikel
Relativité	Relativität
Universel	Universal
Variable	Variable

Plantes

Pflanzen

Arbre	Baum
Baie	Beere
Bambou	Bambus
Botanique	Botanik
Buisson	Busch
Cactus	Kaktus
Engrais	Dünger
Feuillage	Laub
Fleur	Blume
Flore	Flora
Forêt	Wald
Grandir	Wachsen
Haricot	Bohne
Herbe	Gras
Jardin	Garten
Lierre	Efeu
Mousse	Moos
Pétale	Blütenblatt
Racine	Wurzel
Végétation	Vegetation

Professions #1

Berufe #1

Ambassadeur	Botschafter
Artiste	Künstler
Astronome	Astronom
Avocat	Rechtsanwalt
Banquier	Bankier
Bijoutier	Juwelier
Cartographe	Kartograph
Chasseur	Jäger
Comptable	Buchhalter
Danseur	Tänzer
Entraîneur	Trainer
Éditeur	Editor
Géologue	Geologe
Médecin	Arzt
Musicien	Musiker
Pianiste	Pianist
Plombier	Klempner
Pompier	Feuerwehrmann
Psychologue	Psychologe
Vétérinaire	Tierarzt

Professions #2
Berufe #2

Astronaute	Astronaut
Bibliothécaire	Bibliothekar
Biologiste	Biologe
Chercheur	Forscher
Chirurgien	Chirurg
Dentiste	Zahnarzt
Détective	Detektiv
Enseignant	Lehrer
Illustrateur	Illustrator
Ingénieur	Ingenieur
Inventeur	Erfinder
Jardinier	Gärtner
Journaliste	Journalist
Linguiste	Linguist
Médecin	Arzt
Peintre	Maler
Philosophe	Philosoph
Photographe	Fotograf
Pilote	Pilot
Zoologiste	Zoologe

Randonnée
Wandern

Animaux	Tiere
Bottes	Stiefel
Camping	Camping
Carte	Karte
Climat	Klima
Eau	Wasser
Falaise	Klippe
Fatigué	Müde
Guides	Führer
Lourd	Schwer
Météo	Wetter
Montagne	Berg
Nature	Natur
Orientation	Orientierung
Parcs	Parks
Pierres	Steine
Préparation	Vorbereitung
Sauvage	Wild
Soleil	Sonne
Sommet	Gipfel

Remplir
Zu Füllen

Baignoire	Wanne
Baril	Fass
Bassin	Becken
Boîte	Box
Bouteille	Flasche
Caisse	Kiste
Carton	Karton
Dossier	Mappe
Enveloppe	Umschlag
Navire	Schiff
Panier	Korb
Paquet	Paket
Plateau	Tablett
Pot	Krug
Sac	Tasche
Seau	Eimer
Tiroir	Schublade
Tube	Rohr
Valise	Koffer
Vase	Vase

Restaurant #2
Restaurant #2

Boisson	Getränk
Chaise	Stuhl
Cuillère	Löffel
Déjeuner	Mittagessen
Délicieux	Köstlich
Dîner	Abendessen
Eau	Wasser
Épices	Gewürze
Fourchette	Gabel
Fruit	Frucht
Gâteau	Kuchen
Glace	Eis
Légumes	Gemüse
Nouilles	Nudeln
Oeuf	Eier
Poisson	Fisch
Salade	Salat
Sel	Salz
Serveur	Kellner
Soupe	Suppe

Santé et Bien-Être #1
Gesundheit und Wellness #1

Actif	Aktiv
Bactéries	Bakterien
Blessure	Verletzung
Clinique	Klinik
Faim	Hunger
Fracture	Fraktur
Habitude	Gewohnheit
Hauteur	Höhe
Hormone	Hormone
Médecin	Arzt
Médicament	Medizin
Muscles	Muskel
Os	Knochen
Peau	Haut
Pharmacie	Apotheke
Posture	Haltung
Réflexe	Reflex
Thérapie	Therapie
Traitement	Behandlung
Virus	Virus

Santé et Bien-Être #2
Gesundheit und Wellness #2

Allergie	Allergie
Anatomie	Anatomie
Appétit	Appetit
Calorie	Kalorie
Corps	Körper
Déshydratation	Austrocknung
Énergie	Energie
Génétique	Genetik
Hôpital	Krankenhaus
Hygiène	Hygiene
Infection	Infektion
Maladie	Krankheit
Massage	Massage
Nutrition	Ernährung
Poids	Gewicht
Récupération	Recovery
Sain	Gesund
Sang	Blut
Stress	Stress
Vitamine	Vitamin

Science-Fiction
Science Fiction

Atomique	Atomic
Cinéma	Kino
Explosion	Explosion
Extrême	Extrem
Fantastique	Fantastisch
Feu	Feuer
Futuriste	Futuristisch
Galaxie	Galaxie
Illusion	Illusion
Imaginaire	Imaginär
Livres	Bücher
Monde	Welt
Mystérieux	Geheimnisvoll
Oracle	Orakel
Planète	Planet
Réaliste	Realistisch
Robots	Roboter
Scénario	Szenario
Technologie	Technologie
Utopie	Utopie

Sport
Sport

Athlète	Athlet
Capacité	Fähigkeit
Corps	Körper
Cyclisme	Radfahren
Danse	Tanzen
Diète	Diät
Endurance	Ausdauer
Entraîneur	Trainer
Force	Stärke
Jogging	Joggen
Maximiser	Maximieren
Métabolique	Metabolisch
Muscles	Muskel
Nager	Schwimmen
Nutrition	Ernährung
Objectif	Ziel
Os	Knochen
Programme	Programm
Santé	Gesundheit
Sports	Sport

Technologie
Technologie

Affichage	Anzeige
Blog	Blog
Caméra	Kamera
Curseur	Cursor
Données	Daten
Écran	Bildschirm
Fichier	Datei
Internet	Internet
Logiciel	Software
Message	Nachricht
Navigateur	Browser
Numérique	Digital
Octets	Bytes
Ordinateur	Computer
Police	Schriftart
Recherche	Forschung
Sécurité	Sicherheit
Statistiques	Statistik
Virtuel	Virtuell
Virus	Virus

Temps
Zeit

Année	Jahr
Annuel	Jährlich
Après	Nach
Avant	Vor
Bientôt	Bald
Calendrier	Kalender
Décennie	Jahrzehnt
Futur	Zukunft
Heure	Stunde
Hier	Gestern
Horloge	Uhr
Jour	Tag
Maintenant	Jetzt
Matin	Morgen
Midi	Mittag
Minute	Minute
Mois	Monat
Nuit	Nacht
Semaine	Woche
Siècle	Jahrhundert

Types de Cheveux
Haartypen

Argent	Silber
Blanc	Weiss
Blond	Blond
Boucles	Locken
Brillant	Glänzend
Chauve	Kahl
Coloré	Farbig
Court	Kurz
Doux	Weich
Épais	Dick
Frisé	Lockig
Gris	Grau
Long	Lang
Marron	Braun
Mince	Dünn
Noir	Schwarz
Ondulé	Wellig
Sain	Gesund
Sec	Trocken
Tressé	Geflochten

Univers
Universum

Astéroïde	Asteroid
Astronome	Astronom
Astronomie	Astronomie
Atmosphère	Atmosphäre
Ciel	Himmel
Cosmique	Kosmisch
Équateur	Äquator
Galaxie	Galaxie
Hémisphère	Hemisphäre
Horizon	Horizont
Latitude	Breite
Longitude	Längengrad
Lune	Mond
Obscurité	Dunkelheit
Orbite	Orbit
Solaire	Solar
Solstice	Sonnenwende
Télescope	Teleskop
Visible	Sichtbar
Zodiaque	Tierkreis

Vacances #2
Urlaub #2

Aéroport	Flughafen
Camping	Camping
Carte	Karte
Destination	Ziel
Étranger	Ausländer
Hôtel	Hotel
Île	Insel
Loisir	Freizeit
Mer	Meer
Passeport	Pass
Photos	Fotos
Plage	Strand
Restaurant	Restaurant
Taxi	Taxi
Tente	Zelt
Train	Zug
Transport	Transport
Vacances	Urlaub
Visa	Visum
Voyage	Reise

Véhicules
Fahrzeuge

Ambulance	Krankenwagen
Avion	Flugzeug
Bateau	Boot
Bus	Bus
Camion	Lkw
Caravane	Wohnwagen
Ferry	Fähre
Fusée	Rakete
Hélicoptère	Hubschrauber
Métro	U-Bahn
Moteur	Motor
Pneus	Reifen
Radeau	Floss
Scooter	Roller
Sous-Marin	U-Boot
Taxi	Taxi
Tracteur	Traktor
Train	Zug
Vélo	Fahrrad
Voiture	Auto

Vêtements
Kleidung

Bracelet	Armband
Ceinture	Gürtel
Chapeau	Hut
Chaussure	Schuh
Chemise	Hemd
Chemisier	Bluse
Collier	Halskette
Foulard	Schal
Gants	Handschuhe
Jeans	Jeans
Jupe	Rock
Manteau	Mantel
Mode	Mode
Pantalon	Hose
Pull	Pullover
Pyjama	Schlafanzug
Robe	Kleid
Sandales	Sandalen
Tablier	Schürze
Veste	Jacke

Ville
Stadt

Aéroport	Flughafen
Banque	Bank
Bibliothèque	Bibliothek
Boulangerie	Bäckerei
Cinéma	Kino
Clinique	Klinik
École	Schule
Fleuriste	Blumenhändler
Galerie	Galerie
Hôtel	Hotel
Librairie	Buchhandlung
Marché	Markt
Musée	Museum
Pharmacie	Apotheke
Restaurant	Restaurant
Stade	Stadion
Supermarché	Supermarkt
Théâtre	Theater
Université	Universität
Zoo	Zoo

Félicitations

Vous avez réussi !

Nous espérons que vous avez apprécié ce livre autant que nous avons pris plaisir à le concevoir. Nous faisons de notre mieux pour créer des livres de la meilleure qualité possible.
Cette édition est conçue pour permettre un apprentissage intelligent et de qualité en se divertissant !

Vous avez aimé ce livre ?

Une Simple Demande

Nos livres existent grâce aux avis que vous publiez. Pourriez-vous nous aider en laissant un avis maintenant ?

Voici un lien rapide qui vous mènera à votre page d'évaluation de vos commandes :

BestBooksActivity.com/Avis50

CHALLENGE FINAL !

Défi n°1

Êtes-vous prêt pour votre jeu bonus ? Nous les utilisons tout le temps mais ils ne sont pas si faciles à trouver. Voici les **Synonymes** !

Notez 5 mots que vous avez trouvés dans les puzzles notés ci-dessous (n°21, n°36, n°76) et essayez de trouver 2 synonymes pour chaque mot.

*Notez 5 Mots du **Puzzle 21***

Mots	Synonyme 1	Synonyme 2

*Notez 5 Mots du **Puzzle 36***

Mots	Synonyme 1	Synonyme 2

*Notez 5 Mots du **Puzzle 76***

Mots	Synonyme 1	Synonyme 2

Défi n°2

Maintenant que vous vous êtes échauffé, notez 5 mots que vous avez découverts dans les Puzzles n° 9, n° 17, n° 25 et essayez de trouver 2 antonymes pour chaque mot. Combien pouvez-vous en trouver en 20 minutes ?

Notez 5 Mots du ***Puzzle 9***

Mots	Antonyme 1	Antonyme 2

Notez 5 Mots du ***Puzzle 17***

Mots	Antonyme 1	Antonyme 2

Notez 5 Mots du ***Puzzle 25***

Mots	Antonyme 1	Antonyme 2

Défi n°3

Formidable ! Ce défi final  n'est rien pour vous.

Prêt pour le dernier défi ? Choisissez 10 mots que vous avez découverts parmi les différents puzzles et notez-les ci-dessous.

1.	6.
2.	7.
3.	8.
4.	9.
5.	10.

Maintenant, composez un texte en pensant à une personne, un animal ou un lieu que vous aimez !

Astuce: Vous pouvez utiliser la dernière page de ce livre comme brouillon !

Votre Composition :

CARNET DE NOTES :

À TRÈS BIENTÔT !

Toute l'équipe

www.ingramcontent.com/pod-product-compliance
Lightning Source LLC
Chambersburg PA
CBHW082158120626
46553CB00010B/2934
9798896706885